科学巨人

李四光

中国科学家的榜样故事

松　鹰　主编

姜昆阳　编著

童趣出版有限公司编　人民邮电出版社出版

北　京

图书在版编目（ＣＩＰ）数据

李四光 / 松鹰主编 ；姜昆阳编著 ；童趣出版有限
公司编. -- 北京 ：人民邮电出版社，2023.6
（科学巨人. 中国科学家的榜样故事）
ISBN 978-7-115-61600-5

Ⅰ．①李… Ⅱ．①松… ②姜… ③童… Ⅲ．①李四光
（1889-1971）－生平事迹－少儿读物 Ⅳ.
①K826.11-49

中国国家版本馆CIP数据核字(2023)第065122号

主　　编：松　鹰
编　　著：姜昆阳
责任编辑：吴　悦
责任印制：李晓敏
美术编辑：段　芳
排版制作：曹雨锋工作室

编　　　：童趣出版有限公司
出　　版：人民邮电出版社
地　　址：北京市丰台区成寿寺路 11 号邮电出版大厦（100164）
网　　址：www.childrenfun.com.cn

读者热线：010 - 81054177　　经销发行：010 - 81054120

印　　刷：天津千鹤文化传播有限公司
开　　本：880×1270　1/32
印　　张：5.5
字　　数：120 千字

版　　次：2023 年 6 月第 1 版　 2023 年 6 月第 1 次印刷
书　　号：ISBN 978-7-115-61600-5
定　　价：28.00 元

序

　　李四光是著名的科学家、地质学家、教育家和社会活动家，也是中国现代地质学和地质事业的奠基人之一。年少时期，李四光受到父辈爱国理想的熏陶，立志为中国的独立自强而奋斗。凭借对知识的渴求，他从山村私塾考入新式学堂。新知识、新视野拓展了李四光的思维，他以优异的成绩考取官费留学生远赴日本求学。在革命浪潮风起云涌的年代，他成为同盟会最早的会员之一，民主思想在他的心中根深蒂固。他寄希望于实业救国的道路，在日本留学期间考入大阪高等工业学校舶用机关科学习造船。毕业后，他毅然回到中国，参加了武昌起义，见证了民主共和制度的诞生。

　　然而，残酷的现实浇灭了李四光的报国理想，于是他远渡重洋前往英国开始了第二次留学生涯。从此，李四光用毕生践行了科学报国的真理。

　　李四光是英国伯明翰大学地质系的高才生，先后获得自然科学硕士学位和博士学位。1921年，他成为北京大学地质系的教授。作为中国的地质学家，李四光深感责任重大。在数十年的科学研究中，李四光创造了一个个地质学的奇迹，树起了一座座中国地质事业的丰碑，为中国的地质学发展做出了卓绝贡献。

李四光勤奋好学、学识渊博、注重实践工作，对地质现象悉心钻研，勇于挑战学术权威，更注重创新精神。他留下了数百万字的科学著作，为发展地质学做了许多开创性的工作：他提出地质力学和构造体系新概念，为研究地质构造和地壳运动开辟了新途径；他提出的关于古生物蜓科化石的分类标准与鉴定方法，一直沿用至今；他建立的中国第四纪冰川学，为第四纪冰川研究，特别是地层划分、气候演变研究、环境治理和资源勘探等开拓了新思路。

中华人民共和国成立后，李四光把中国石油勘探的重点地区转移到华北平原和松辽平原，让中国甩掉了"贫油"帽子。李四光指导铀等放射性矿产的勘探取得突破性进展，为发展中国的核工业做出了重要贡献。他提出利用地应力测量和构造应力场分析，研究地震发生、发展的规律，为预测和预报地震指明了方向。

李四光被誉为"中国地质学之父"，21世纪被评为"100位新中国成立以来感动中国人物"。他的爱国情怀和科研精神激励着无数的中国地质工作者砥砺前行。

前言

中国因他们而骄傲

　　这套《科学巨人 中国科学家的榜样故事》系列丛书共 10 本，由松鹰主编和统稿，邀请国内多位作家参加撰写。主要介绍 10 位中国的科学家，他们分别是詹天佑、茅以升、李四光、竺可桢、梁思成、林巧稚、华罗庚、钱学森、邓稼先、袁隆平。

　　詹天佑是中国杰出的爱国工程师，他主持修建了中国自主设计并建造的第一条主干铁路——京张铁路，被誉为"中国铁路之父"；茅以升是中国桥梁事业的先驱，他主持设计并组织修建的中国第一座现代化大型桥梁——钱塘江大桥，成为中国铁路桥梁史上的一座里程碑；李四光是"中国地质学之父"，他为中国甩掉"贫油"的帽子，为创立地质力学理论做出了重大贡献；竺可桢是中国近代地理学和气象学的奠基者、中国物候学的创始人；梁思成是中国著名建筑学家、古建筑保护的标志性人物；林巧稚是中国妇产科学的奠基人之一、北京协和医院第一位中国籍妇产科主任，也是首届中国科学院唯一的女学部委员（现称院士）；华罗庚是国际数学大师，被誉为"中国现代数学之父"；钱学森是"中国航天之父"，由于他的卓越贡献，中国的航天事业向前推进了至少 20 年；邓稼先是"两弹一星"功勋科学家，为中国核武器的研发做出了杰出的贡献；袁隆平是"杂交水稻之父"，他为中国乃至世界粮食安全做出了巨大贡献。

这 10 位中国科学家，是中国科技事业的先驱者，是中国多个科技领域的旗手。他们为中国近现代科技的发展做出了巨大贡献，在世界范围内也享有盛誉。他们为伟大的祖国争了光，不愧是中国的骄傲！

这 10 位科学家的身上有许多宝贵的东西，值得我们学习。一是爱国主义情怀。詹天佑幼年留学美国，回国后用学到的工程技术知识，投身于中国初期的铁路事业。在此之前，中国只有几条铁路，而且都是由外国工程师主持修建的。詹天佑是第一位在中国成功主持修建铁路干线的中国工程师，在铁路工程技术领域打破了外国人的垄断。茅以升、李四光、竺可桢、梁思成、华罗庚和钱学森这些科学家，早年也都曾出国留学，并

且事业有成。他们毅然放弃国外优厚的待遇，有的还克服重重阻挠，回到祖国的怀抱，用所学报效国家和人民，为中国科技的发展做出了开创性的贡献。茅以升在 20 世纪 30 年代主持设计并组织修建了中国第一座现代化大型桥梁——钱塘江大桥，为中国桥梁事业做出了突出的贡献。邓稼先是美国普渡大学的博士，1950 年，他毅然回国，投身于我国核武器的研制，为祖国的强盛做出了不可磨灭的贡献。

二是勇攀高峰的创新精神。华罗庚只有初中文凭，但是他自学完成了高中和大学低年级的全部数学课程，20 岁时就以一篇论文轰动数学界。他不迷信权威，勇攀世界数学高峰，在多复变函数论、矩阵几何学等方面的成就卓越，被公认为国际数学大师。袁隆平是中国杂交水稻事业的开创者，是当代"神农"。几十年来，他始终在农业科研第一线辛勤耕耘、不懈探索，运用科技手段为人类战胜饥饿带来绿色的希望和金色的收获。李四光在科学研究上独立思考，不迷信外国权威，创立了地质力学理论，为中国找到了大量的石油资源和稀有矿藏，为中国甩掉"贫油"的帽子做出了重大贡献。他晚年还壮心不已，抱病对地震预报、地热开发等做了大量研究。

三是可贵的奉献精神。邓稼先为了研制中国的核武器，隐姓埋名 20 多年，但他从不后悔。袁隆平从事杂交水稻研究半个多世纪，呕心沥血，苦苦追求，其卓越成就，不仅为解决中国人民的温饱问题和保障国家的粮食安全做出了贡献，更为世界和平和社会进步树立了丰碑。竺可桢在气象学、气候学、地理学、物候学、自然科学史等方面的造诣很深。他始终从科学的视角，关注着中国的人口、资源、环境问题，是"可持续发展"的先觉先行者。林巧稚不仅医术高明，她的医德、医风、奉献精神更是有口皆碑，她心中始终装着妇女、儿童。林巧稚一生接生了 5 万多个婴儿，她把每一个婴儿都看作自己的孩子。

此外，梁思成为了保护中国古建筑文化遗产不遗余力。作为中国著名建筑学家、古建筑保护的标志性人物、中国建筑学界的一代宗师，他毕生致力于中国古建筑的研究和中国的建筑教育事业，为祖国培养了大批建筑人才。美国学者费正清称赞梁思成、林徽因夫妇说："无论疾病还是艰难的生活都无损于他们对自己的开创性研究工作的热情。就是在战时，梁思成依旧用英文写成了《图像中国建筑史》。在我们的心目中，他们是不畏困难、献身科学的崇高典范。"

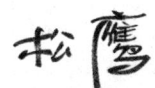

李四光生平简历
1889—1971

1889
出生于湖北省黄冈县（今黄冈市团风县）下张家湾，取名李仲揆。

1902
考入武昌的高等小学堂，改名李四光。

1905
加入同盟会。

1904
作为官费留学生进入日本东京弘文学院普通科学习。

1907
考入日本大阪高等工业学校。

1911
参加武昌起义。

1918
英国伯明翰大学地质系毕业，获自然科学硕士学位。

1921
任北京大学地质系教授。

1928
任国民政府研究院地质研究所所长。

1931
获英国伯明翰大学自然科学博士学位。

1934
组织中外地质学家到庐山考察第四纪冰川遗迹。

6

1949
被推选为中国人民政治协商会议第一届全体会议代表。

1950
从欧洲回到中国。

1952
任中华人民共和国地质部部长。

1959
完成《地质力学概论》初稿。

1960
正式成为共产党员。

1966
河北邢台地震，亲临震区进行考察。

1971 因动脉瘤破裂逝世，享年 82 岁。

Contents 目录

引言

　　李四光是著名的科学家、地质学家、教育家和社会活动家，被誉为"中国地质学之父"。他自幼勤奋好学、志向远大，少年时期即怀抱科学救国的理想外出求学。留学日本期间，李四光深受民主思想的影响，追随孙中山参加了同盟会。回国后，他勇敢地战斗在武昌起义的最前线。

　　爱国精神是李四光毕生的信念。他苦苦探索中华民族复兴之路，反抗帝国主义和封建主义的压迫，用科学家的情怀迎接新中国的诞生。

　　他用严谨的科学态度和勇于创新的科研精神，批判外国权威学者不正确的科学结论。他创立了地质力学，为中国勘探石油和稀有矿藏奠定了理论基础，为中国甩掉"贫油"帽子做出了重大贡献。李四光在生命的最后几年里，将精力投入地震预测、预报的研究工作中，开创了地震预报的新途径。

李四光是中国科学工作者的一面旗帜，也是中华民族一面光辉的旗帜。他坚持调查研究和科学实践的求实精神，践行科学家为人类和国家服务的高尚品德，是每一个科学工作者学习的榜样。

第一章 │ 勤奋少年

小山村的孩子

1889 年 10 月 26 日，李四光出生于湖北省黄冈县（今黄冈市团风县）的一个小山村。

湖北省素有"九省通衢"的盛名，这里山清水秀、交通便利、物产丰饶。长江流经湖北省中部，浩浩荡荡地向东奔流。自古以来，中国的南北方文化就在这片广袤的土地上交流融合。这里人杰地灵、文化繁荣，历史上诞生了许多杰出的学者和仁人志士。

19 世纪末，在李四光出生的年代，中国正经历着前所未有的深重危机。英国、日本、俄国、法国……外国列强对中国虎视眈眈，企图在中国的领土上划分各自的势力范围。面对外国列强的步步紧逼，腐败的清政府却奴颜婢膝、一味退让。与此同时，封建统治阶级却在国内加强专制统治，残酷镇压起义和革命。外国列强的侵略加之清政府本身的腐朽、没落，导致中国最后一个封建王朝渐渐显出日薄西山之象。

李四光的故乡在黄冈县的下张家湾，这里丛林掩映、风光绮丽，一派鱼米之乡的美景。李四光的父亲名叫李卓侯，是个读书人。李卓侯继承父业，在家里开办私塾，附近穷苦人家的孩子大都在他的私塾上学。李卓侯的学识和人品深得当地乡亲们的敬重。在乡亲们眼中，他是一位宅心仁厚的长者，一位德高望重的先生。

李四光的母亲龚氏勤劳贤惠、温柔和顺。她每天忙于家务，既要照顾年迈的公婆，又要养育儿女。乡亲、邻里有了困难，她总是尽力相助，他们一家人在当地都有很好的口碑。

李四光是李卓侯的次子，原名李仲揆。他有一个兄长，还有两个弟弟和两个妹妹，全家几口人都指望家里的几亩地，以及父亲李卓侯微薄的私塾收入生活，日子过得紧巴巴的。要知道，那时候穷人家的孩子在私塾读书，有的只能给私塾先生送两三斗粮食作为一学年的学费，有的只能交百十文铜钱。因此，为了让全家人在生活上没有后顾之忧，李仲揆的母亲白天种菜、喂猪、烧火做饭，晚上织布、纺线，每天从早忙到晚，没有闲暇时间。在父母的操持下，李仲揆的家境虽不富裕，但父慈子孝，家庭十分和睦。而且，他们家跟乡亲、邻里之间也是互敬互让，这就为李仲揆营造了良好的成长氛围。

李仲揆的爷爷是蒙古族人，原名库里。不过，他究竟是何时来到下张家湾安家落户的，现在已无从考证。库里性格豪爽，能识文断字，因此他来到这里之后，在村子里办起了私塾，教十里八乡的孩子读书、识字。李仲揆的父亲李卓侯从小在自己父亲库里的教导下读了不少书，成了个"穷秀才"。后来，库里年老体弱，卧床不起，全靠儿子李卓侯支撑着这个家。

在孙辈中，库里老人最喜欢的就是聪明伶俐的李仲揆，他常常给李仲揆谈古论今。他最喜欢讲的是黄冈当地的历史故事。比如，唐朝末年，黄巢率领起义军在黄冈一带勇猛杀敌；太平天国的石达开率领太平军三占武昌、六进黄冈，把清军打得丢盔弃甲、狼狈逃窜。每每讲到历史上的英雄豪杰，库里老人都会讲得眉飞色舞，李仲揆也听得津津有味。但是，历史总少不了王朝兴衰、朝代更迭。尤其是在清朝末年，中国遭受外国列强的侵略，清政府签订的一个个丧权辱国的不平等条约，让库里老人痛心疾首。想到满目疮痍的中国，他有时会热泪纵横。这时候，李仲揆的情绪也会受到感染，他暗暗发誓要让侵略者看到中国人自强不息的精神力量。

李仲揆最爱听爷爷讲历史故事。多年以后，当回忆起童年时光，他坚定地认为，自己热爱祖国、报效祖国的志向跟爷爷的教育是密不可分的。

李仲揆5岁的时候，库里老人去世了。不久之后，李仲揆进入父亲的私塾读书学习。父亲李卓侯忧国忧民，有强烈的爱国情怀，为反对腐败的清政府，他不顾个人安危，秘密结交革命党人，支持革命事业。年少的李仲揆把父亲的浩然正气看在眼里，记在心上。在生活和学习上，父亲对他的要求都很严格。家庭环境的熏陶让李仲揆从小就怀抱远大的理想和志向，这也让他从小就形成了沉着冷静的性格。

有一次，李卓侯因事外出，临走前请庙里的老和尚帮忙照看私塾里的孩子，让孩子们安安心心地读书、写字。可是，李卓侯刚走，孩子们就按捺不住贪玩的天性了。他们有的互相打闹，有的跑到山坡上摘野果，有的在学堂里唱大戏，根本没有人坐下来安心学习，老和尚在一旁苦苦劝说也无济于事，只能唉声叹气。

傍晚，李卓侯回来了。孩子们看到老师回来了，都慌忙逃回座位上，捧着书本大声念起来。可是，等到李卓侯检查作业的时候，孩子们一个个低着头，都拿不出应该完成的作业。不过，这时候学堂里并没有李仲揆的身影。他去哪里了呢？只见老和尚对李卓侯说："唯有你家公子品行最佳。他看学堂里太乱，就独自一人躲到外面用功学习去了，真是个好孩子！"此时，李仲揆仍在树底下专心致志地读书，他也是唯一完成作业的学生。

　　李仲揆和家中的几个弟兄在父亲的教导下都很喜欢读书。夜晚，弟兄几个常常围着油灯读书，每当这时，母亲就会在油灯里放上两根灯芯，让屋子里亮堂一些。可是，李仲揆总是取出一根灯芯，他说："只点一根灯芯，能省下不少油。"

　　李仲揆虽用心读书，但不是死读书。他爱动脑筋，为了查证书本上的知识，他常常会自己动手实践。

　　村子东面是连绵不断的山丘，山坡下面有一块圆滚滚的大石头。这块石头又高又大，远远望去像一座孤零零的房子。在耕田回来的路上，人们就坐在石头旁休息，孩子们也常常在石头后面捉迷藏，当地人都把这块大石头叫作"打牛石"。

　　在当地人眼中，这块大石头就像一个未解之谜，因为附近的山丘上全是黄泥土，这块大石头矗立在这里，与周围的自然环境格格不入。这里怎么会有一块大石头呢？它是从哪里来的呢？李仲揆的脑子里生出许多疑问。他对着这块大石头仔仔细细地观察，然后问遍了村里的长辈，可谁都不能准确地说出这块大石头的来历。有人说，这是天上落下来的流星，是陨石。显然，这个答案没有得到李仲揆的认可。他琢磨了很久也想不明白，于是就把这块"奇怪的大石头"记在心里。直到几十年后，他用地质学家的专业知识为这块大石头的来历找到了答案：这块大石头是由冰川运动搬运而来的，这种现象也叫作冰川漂砾！

爱动脑子的少年

李仲揆的父亲李卓侯为人正直、热心。那时候，村子里常常闹春荒，致使许多人家的粮食不够吃。每到这时，李卓侯就把家里不多的余粮借给食不果腹的乡亲、邻里。为人忠厚的李卓侯宁可自己家忍饥挨饿，也不会把这点儿余粮高价卖给别人。

李仲揆的性格像父亲，也像母亲。为了分担父母的压力，他不仅帮助母亲做家务，有时还会上山打柴或到池塘边钓鱼。他常常一边背诵当天学的课文，一边帮父母干活儿。就这样，他不仅帮父母把家里打理得井井有条，自己的功课也一点儿都没有落下。

李仲揆爱动脑子。在技术不发达的年代，许多人家都会用舂米这种方法加工稻米。舂米的过程是非常耗费体力的。舂米的时候需要把稻谷倒进石臼里，再用力踩下长长的木梁，让木梁另一端尖尖的石碓抬起来，然后舂米的人抬起脚，让石碓砸下去，这样稻谷脱了壳就成了白花花的大米。这种传统的舂米方法既耗费人力，效率又低，人们往往要踩几百下才能舂出几斤米。李仲揆的母亲舂米的时候总是累得大汗淋漓、腰酸腿疼，这让李仲揆心疼极了。李仲揆想帮帮母亲，但那时候他还是个孩子，幼小的身板哪里禁得住沉重的木梁？于是，李仲揆开动脑筋，想到一个好办法。他从房梁上穿过一根麻绳，把麻绳系在木梁的一端，然后手脚并用，一边用力踩木梁，一边用力拉麻绳，让沉重的石碓渐渐抬起来。接着，他在抬起脚的同时松开麻绳，石碓就嗵的一声砸下去，完成了舂米最耗费体力的过程。后来，他经常用这个办法帮助母亲舂米。乡亲们听说了这个办法，都跑到他家学习、取经，这个办法渐渐在乡邻间流传开来。

闲暇时候，李仲揆还喜欢围着作坊观察能工巧匠是怎么干活儿的，回家后他自己还要动手做一做。他学着那些工匠的样子编织细细的竹篾，再在竹篾外面糊上纸，做成漂亮的小灯笼。他的弟弟、妹妹们总是会高高兴兴地提着二哥做的灯笼在村子里玩耍。后来，他又做出了花花绿绿的走马灯，还在上面画上小青蛙、小猴子。几十年后，他的弟弟、妹妹们回忆起二哥为他们做的这些精巧的小玩意儿，感觉童年的快乐又回到了眼前。

1894 年，中日甲午战争爆发了。清政府的北洋水师在海战中全军覆没，战后清政府还被迫向日本赔款。在李仲揆的家乡，人们也经常能看到挂着日本国旗的军舰、轮船在长江上耀武扬威地穿行。在每一个有血性的中国人眼中，这是中华民族

的奇耻大辱！然而，当时的中国无力与外国列强抗衡。几年以后，八国联军侵略中国，丧权辱国的《辛丑条约》、空前的巨额赔款更让致力于国家独立自强的中国人感到愤怒。李卓侯是个教书先生，他不仅教学生读书、识字，更教学生做人的道理。他经常给孩子们讲天下大事，他的一腔爱国热情也深深感染了李仲揆和其他学生。

在李仲揆 6 岁的时候，有一次他和父亲来到长江边。那是他第一次见到浩瀚的长江，第一次见到江面上扬着白帆的帆船。这时，几艘铁甲巨轮喷着黑烟，隆隆作响地从江面上航行过来。这些铁甲巨轮惊扰了宁静的江面，激起了巨大的波浪，那些原本在江面上静静航行的帆船也随着波浪摇晃起来。

李卓侯指着那些铁甲巨轮，气愤地对儿子说："这些外国人造的轮船和军舰在咱们中国横冲直撞，简直是骄横猖狂！外国列强要灭亡中国！中国人什么时候才能造出坚不可摧的轮船和军舰，再也不惧怕外国人的欺负呢？"

李仲揆牢牢记住了父亲的话。回家后，他从铁铺要了一些铁质的边角料，又借来工具，捶捶打打地用了很长时间，终于做成了一艘小轮船。他把这艘小轮船放到水塘里，小轮船竟稳稳地漂了起来。李仲揆用树枝推了一下，小轮船就顺势越漂越远。村子里的孩子们看到这一幕都赞不绝口。

那时候，李仲揆就在心里默默地发誓："将来我要给中国造出大轮船！"

入学新式学堂

湖北省历史悠久，物产丰饶，明清时期就有"湖广熟，天下足"之誉。清朝末年，清政府洋务派官员、湖广总督张之洞在湖北省办工厂、开矿山、开商行。他在武昌三镇建起了钢铁厂、兵工厂、织布局、缫丝局。1902年，张之洞决定兴办新式学堂。在他的主持下，湖北省内接连建起了多所中小学堂，尤其以省城武昌的学堂数量为最，吸引了湖北省各地的学生前来省城上学。那时候流传有《学堂歌》，里面唱道："湖北省，二百堂，武汉学生五千强。"

新式学堂除了教授传统的四书五经，还教授从国外传来的"新学"，如算术、物理、化学、地理、生物等课程。因此，许多学生在这里第一次知道了氢气、氧气、星系等新鲜名词。对于从传统学堂走出来的学生，这些可都是从来没有听说过的大学问！

新式学堂吸引了众多学生前来报名。在这里，学生们不仅能学到各种新知识，他们的食宿、服装、学习用品也全部由官府供给，不用自己花钱，而且每个学生还能得到一笔安家费。这样的新式学堂让家境贫寒的孩子个个欢欣雀跃，到省城上学成了他们最美好的梦想。

然而，要进入新式学堂读书并不容易。当时，湖北省的新式学堂从高等小学堂起步。按规定，每所高等小学堂只招收100人，年龄限制在11岁到14岁，而且学生不仅要"文理粗通"，能背诵儒家经书，更要品行端正。

省城兴办新式学堂的消息传到黄冈。听到这个消息后，李仲揆央求父母，一定要让他去新式学堂求学。父亲当然希望儿子学业有成，他也非常支持李仲揆的想法，于是他四处求人，为李仲揆凑齐了前往武昌的路费。母亲则连着几夜不睡觉，给李仲揆缝了一件棉袍，准备行装。

准备好路费和行装，李仲揆就要辞别父母，前往武昌求学了。李卓侯为儿子挑着简单的行李和几件换洗的衣裳、几本书，一路把他送到几十里外长江岸边的码头。临别前，他嘱咐儿子："莫慌，莫怕，沉住气，好好考试。"

到了武昌，李仲揆挑着行李一路打听，终于找到了设立在衙门内的湖北省学务处。不过，报名得先交钱，买一张考生登记表。学务处的官员看李仲揆高高的个子，不像个只有十几岁的孩子，于是用质疑的语气问他："你多大了？"

李仲揆连忙回答："14岁①。"

---

① 李四光生于1889年，1902年考入高等小学堂。此处的"14岁"应为虚岁。

听到年龄符合标准，学务处的官员才慢吞吞地递过来一张考生登记表。接过考生登记表，李仲揆非常紧张，他提起笔飞快地写上了"十四"两个字。刚写完，他立马吓出了一身冷汗："坏了！怎么把年龄填到了姓名栏里？考生登记表不能涂改，再买一张还要另花钱！"

李仲揆左右为难，他只好硬着头皮想办法："'十'可以改成'李'，'四'却怎么也改不成'仲揆'！总不能填'李四'吧！怎么办呢？"

就在一筹莫展之际，李仲揆抬头看见厅堂上的匾额，上面写着"光被四表"四个大字。他灵机一动，在"四"后面加了一个"光"，于是他在考生登记表上把名字写成了"李四光"。从此以后，李四光就成了他的名字。父亲李卓侯很满意儿子的新名字，引经据典地夸他改得好。

入学考试要考四书五经，这难不住李四光，因为在父亲的悉心教导下，他的传统国学知识都学得很扎实。李四光的考试成绩优异，发榜后他的名字位列第一。

比起家乡的私塾，新式学堂的生活和学习条件要好得多。校园很宽敞，有教室、学生宿舍、自习室、图书室。在这里，学生们需要学习 9 门课程，其中修身、读经、中文 3 门课程讲的是孔孟儒学，另外还有算术、历史、地理、格致、绘图、体操6门课程，这些属于"新学"。学校规定每天上6节课，课程排得满满当当的。在算术课上，学生们要学习小数、分数、百分比；在格致课上，学生们要学习力学、热学、光学。李四光第一次接触这些新奇的知识，他恨不得一口气把这些课程全都学完。为此，他学习非常努力，成绩在全班名列前茅。

李四光特别珍惜在新式学堂学习的机会，每天放学后他都要借阅多种书籍，如饥似渴地埋头苦读。时间久了，他感觉自己步入了一个崭新的天地，"科学"在他面前展开了无穷无尽的新画卷。李四光的勤奋、钻研、刻苦，让同学们都很佩服。

学堂规定，每3个月进行一次考试，成绩最好的前5名是优秀学生。优秀学生可以获得出国深造的机会，被保送到日本官费留学。

第一次考试，李四光的各门功课均是第一名。虽然优异的成绩在同学们当中引起了轰动，但出国留学的名单上没有他的名字。

第二次考试，李四光的各门功课仍是第一名，但出国留学的名单上还是没有他的名字。

李四光想不通，同学们也为他打抱不平。李四光一气之下离开学堂回了家。

得知李四光私自离开学堂，湖北省学务处迅速派官员来到李四光家。这些官员态度强硬地要求李四光赔偿入学几个月的学习费、伙食费，同时退回全部安家费。李四光不服气，针锋相对地质问道："请问，学堂选派出国留学生的标准是什么？我自入学以来，几次考试都名列第一，出国留学却榜上无名，这是什么原因？"学务处的官员理屈词穷，不敢正面回答这个问题。其实，大家都知道，名单上的学生个个都来自有权有势的家庭。

"学生愿意出国深造，多学一些知识报效国家。为什么……"李四光说得很客气，态度也很明确。

半晌没有人说话。最后，负责处理此事的学务处官员慢条斯理地回答道："本学堂历来秉公办事，按照成绩优劣排名次。你要安心学习，一年以后学堂进行考试，如果你的成绩确实优秀，可以考虑送你出国留学。"经过跟学务处官员的一番交涉，李四光回到武昌继续学习，赔偿、退钱的事情再也没有人提起了。

李四光学习非常努力，他对自然科学产生了极大的兴趣。一年以后的考试，李四光各门功课全部名列第一，他也因此被录取为日本官费留学生。这批赴日本留学的学生一共 90 名，其中高等小学堂的学生只有 4 名。

李四光所在的高等小学堂，只有他一个人获得了出国留学的机会。这件事轰动了他的家乡，乡亲们都说李卓侯教子有方，令人钦佩。这是全村的光荣，也是黄冈的荣耀！

但是，到日本学什么？李四光苦苦思索了很久，后来他对父亲说："我要学工程，学造船。"他曾目睹挂着英国国旗、日本国旗的军舰在长江上耀武扬威；他也看见中国的神州大地被侵略者的炮火蹂躏。如果中国人造不出强悍的军舰和轮船，中国就只能忍受外国列强的压迫。

李卓侯知道儿子的远大抱负，他点点头，说："在中日甲午战争中，中国战败不是因为中国人不勇敢，而是因为中国的军舰不能抗衡外国的军舰！"说完，他痛心地念起自己写的诗句，"伤心怕看澎湖月，妙手难回旅大春。"

李四光深知，中日甲午战争的失败是中国的耻辱，奋力洗刷这个耻辱是中华儿女的责任。

第二章 ｜ 立志报国

初到日本留学

1904 年 7 月，李四光来到日本留学。这一年，他只有 15 岁。

李四光来到日本，先在东京弘文学院普通科学习。东京弘文学院是一所普通中学，专为中国留学生开办。李四光在这里学习了日本语言文学和中学阶段的数理化课程。全校有几百个中国留学生，同学们很快就互相熟悉了。

李四光是湖北省派出的官费留学生，按规定他每个月会获得 33 元钱的官费。但是，每个月的学费、伙食费、住宿费就需要 25 元钱。因此，他每个月只剩下 8 元钱用于日常开销。这 8 元钱他必须精打细算，一点儿都不能浪费。好在李四光自小就养成了艰苦朴素的生活习惯，他把留学生活安排得井井有条，还能节省出一些钱寄回家里。

中国留学生来到日本，接触到资本主义的经济、文化，感到处处都很新鲜。那时候，日本有许多新建的工厂，物资充盈、经济繁荣。此情此景让中国留学生想到清政府统治下的中国，从而对清政府的腐败、保守有了更强烈的认识。

但是，最让中国留学生感到耻辱的是日本人对中国人的歧视。他们特别爱嘲笑中国男士头上的辫子，说中国男士是"长尾奴"。

这根难看的辫子是中国人愿意留的吗？专制的清政府规定，不留辫子就要杀头，因此绝大多数中国人都把那根难看的辫子看作耻辱。很多中国留学生不愿意忍受日本人的侮辱，也不愿意留着既讨厌又难看的辫子，于是下决心剪掉它。但是，清政府驻日本使馆的官员却横加阻挠，用停发官费、断绝经济来源相威胁，用回国治罪、判刑来恐吓，不允许中国留学生剪掉辫子。有的中国留学生担心回到中国会被清政府追究、关押，只得屈辱地继续留着辫子。不过，也有不少中国留学生坚决要剪掉辫子，这其中就有李四光。

到了日本不久，他就毅然决然地表明了自己的政治态度：坚决不向清政府的腐朽统治屈服，坚决跟日本人的歧视抗争。

在日本留学的时间久了，李四光对清政府统治下的中国有了更深的认识。经历了鸦片战争、中日甲午战争的失败，特别是经历了八国联军的侵略，中国涌现出许许多多的革命者和思想家，他们苦苦探索救国之路，奋力抵抗外国列强的侵略。在当时的历史背景下，学习西方，让中国独立自强是许多中国人救亡图存的答案。

在这样的时代变革中，到外国留学成了许多中国人的愿望。

20 世纪初期，英国、法国、德国、美国等国家都有中国留学生，不过到日本留学的中国人最多。

在留学生当中，有的人为了让中国早日跻身强国之列，如饥似渴地学习外国先进的科技和文化。他们有理想、有志气、有抱负，许多在日本的中国留学生后来都成为各行业的杰出人才，为推动中国的历史进程做出了巨大贡献。

还有那些怀抱赤胆忠心，致力于中华民族复兴的中国留学生，在时代风云中历练为革命志士。比如，黄兴、宋教仁、廖仲恺等革命领袖，徐锡麟、秋瑾、陈天华等革命烈士，蒋百里、鲁迅、郭沫若、郁达夫等知名学者，都曾在日本留学。

中国留学生在日本有各种同乡会、同学会，大家常常聚在一起讨论中国的未来应向何处去。同学们讨论着西方的政治、经济、文化、军事，讨论着哪些是值得中国学习和借鉴的，哪些在中国行不通。大家各抒己见，讨论得非常激烈。有的人说，中国必须走教育救国的道路，留学回国后要大力兴办学校；有的人说，实业才能救国，要在中国大力开办工厂和商行；有的人说，科学才能救国；有的人说，要投身医学来报效祖国；有的人说，强军、强兵才能救国……各种观点和思想激烈碰撞，大家都在探索中国未来的道路，为中国的独立自强献计献策。

在日本的中国留学生创办了很多刊物，他们在刊物上发表各种形式的观点、见解、主张。比如，有的人在文学刊物上发表诗歌、小说；有的人在科学刊物上介绍外国的科学技术成果；有的人在政治刊物上，旗帜鲜明地号召救亡图存、推翻清政府，其中有的主张学习英国实行君主立宪制度，有的崇尚无政府主义。当然，在这些中国留学生当中，有的人仍对清政府抱有幻想，鼓吹政治改良运动。其中，康有为组织的保皇会就把中国的未来寄托在光绪皇帝身上，把光绪皇帝视为中国进步的希望。

大多数中国留学生愤怒地揭露清政府的腐朽和没落，探讨救国的道路，决心为中国的光明未来而奋斗。其中，有的留学生联系中国国内的秘密组织，支持反清武装斗争。最初，这些追求进步的组织只是暗中活动，秘密串联，后来他们的力量逐渐壮大，甚至公开发动革命，得到了更多中国留学生的支持和拥护。

李四光是个有强烈正义感的青年，这不仅跟他自小接受祖父和父亲的教导有关，也得益于他本人对社会的观察和体会。经过外出求学和出国留学的多年历练，李四光对清政府的颓败有了更深入的认识，他真切地感受到青年人应该承担起拯救国家危亡的责任。他在课堂上认真学习文化知识，钻研自然科学和工程技术，接受新思想，同时极力关注中国国内的政治动向。同时，他积极参加各种集会、座谈，认识了很多有进步思想的中国留学生，跟他们结为挚友，这其中就有中国近代革命先驱者宋教仁和中国近代政治活动家、教育家马君武。

宋教仁是湖南人，他与李四光一样也曾在武昌的新式学堂读书，后来到日本留学。在中国国内，宋教仁在长沙组织过武装起义，是反清秘密组织华兴会的重要成员。在日本，他创办刊物，揭露清政府的腐朽统治。经过宋教仁的介绍，李四光结识了住在日本福田的马君武。马君武是广西人，在日本留学期间热心参加革命活动。他们与李四光志同道合，成了无话不谈的好友。

加入同盟会

1905 年 7 月，在东京弘文学院读书期间，李四光得到同学带来的消息：孙中山即将在东京赤坂区开会。同学叮嘱李四光一定要参加这次会议。

李四光早就听说过孙中山。他知道孙中山组织了兴中会，多年来一直致力于反清革命斗争，他还知道孙中山曾在伦敦被清政府驻英国使馆秘密诱捕，却英勇不屈，历经磨难终于脱险的事迹。在中国留学生眼中，孙中山领导反清革命斗争，是公认的革命领袖，是革命派的一面旗帜，因此大家都对孙中山非常敬重。

这一次，孙中山来到东京，目的是与黄兴、宋教仁、廖仲恺等人共同谋划，建立一个有明确纲领的革命组织，从而更好地推动革命斗争。

几天后，李四光跟同学一起来到东京赤坂区。在这里，他见到了黄兴、宋教仁和马君武，还结识了两个支持革命的日本朋友。同学悄悄告诉李四光，参加这次会议的人都是各个革命团体的代表，其中有来自中国各省的代表，也有中国留学生的代表。

　　会议上，孙中山首先发表了富有激情的演说。在演说中，孙中山抨击清政府的专制统治，主张以民主革命推翻腐朽的清政府，同时提出组建一个新的革命组织。经过讨论，与会者将新的革命组织定名为"中国革命同盟会"，简称"同盟会"。

　　孙中山提出"驱除鞑虏，恢复中华，建立民国，平均地权"的响亮口号，作为同盟会的纲领。就这样，中国历史上第一个

资产阶级革命政党同盟会正式成立了。

孙中山在这次会议上郑重宣布，每个加入同盟会的成员都要填写盟书，宣誓入会。会议的最后一项，是在会场旁边的一个小房间里进行同盟会会员宣誓。

李四光走进这个小房间，接待他的是孙中山。孙中山威严而慈祥，他带着李四光宣读庄严的誓词。宣誓完成之后，孙中山亲切地询问李四光的年龄，李四光回答："16岁。"

孙中山抚摩着他的头说："你年纪这样小就要参加革命，这很好。你要'努力向学，蔚为国用'。"

从此，年少的李四光就成了同盟会的第一批会员。他把孙中山的话牢牢记在心里，"努力向学，蔚为国用"也成了李四光铭刻在心中的誓言。随后，李四光参加了旅日华侨和留学生为孙中山举办的欢迎大会，并参加了同盟会的许多活动。

开会回来，李四光很兴奋，他感到中国有了希望。他和马君武边走边议论，一想到中国遭受外国列强压迫、被专制王朝奴役的历史就要彻底结束了，两个年轻人都心潮澎湃，他们似乎已经看到中国未来的光明前景。

就在这时，一个人突然挡住了他们的路，原来是湖北省留学生监督李宝巽。李宝巽是清政府派来日本管理留学生的官员，他气势汹汹地训斥道："你们不专心读书，在外面干什么？不许胡闹！"

李四光和马君武已经是同盟会的会员，是年轻的革命者，誓要与封建统治阶级划清界限。他们心中想的是未来中国的新面貌，哪里顾得上听李宝巽的训斥，于是转身走远了。

加入同盟会后，李四光更加关注国家大事，也更加努力地学习科学文化知识。他知道，中国要独立自强，不仅要革命，更要大力发展实业，而这一切都离不开科学文化知识的助力。

革命浪潮让清政府统治者忐忑不安。清政府派密探潜入日本东京，加强对中国留学生的控制。同时，日本政府也禁止中国留学生参加革命活动，日本当地的媒体还辱骂中国留学生"放纵卑劣"，是"乌合之众"。

中国留学生愤怒了，分布在各所学校的中国留学生纷纷罢课，到清政府驻日本使馆门前抗议、游行。在反抗封建主义和帝国主义压迫的队伍里，李四光和同学们始终站在一起。最终，日本政府受到舆论压力做出让步，中国留学生才陆续复课。

1907 年 7 月，李四光从东京弘文学院毕业。接下来，他打算继续深造。但是，在日本想考入高等学校并不容易。据统计，当时只有不到 7% 的中国留学生能考入日本的高等学校。

这些进入高等学校深造的中国留学生，有的为了回国后从政，学了法律；有的满心希望将来赚大钱，学了商业。因此，很少有人学习自然科学、工程技术等相关专业。然而，此时的李四光想起了父亲的叮嘱，想起了外国列强的坚船利炮，他下定决心要造出中国的铁甲巨轮，让中国人挺起脊梁，不再受外国列强的压迫。

随后，李四光报考了大阪高等工业学校。大阪高等工业学校的报考者有上千人，招收中国留学生的名额却只有 10 个，考试难度可想而知。但是，李四光的考试成绩遥遥领先，最终成为班上唯一的中国留学生。

大阪高等工业学校第一学年的课程非常多，一周要上三四十节课，包括数学、物理、化学、力学、舶用机关、制图、机械加工、英语等课程。刚入学时，李四光的数理化基础薄弱，而且很多课程都是第一次接触，因此在学业上面临巨大的挑战。如果学不好基础课，将来学习专业课就会更吃力。李四光为了克服学业上的困难，每天起早贪黑，按照计划安排预习、复习和做作业的时间。

即使在节假日他也从不跟同学逛商店、逛公园，而是抓紧时间读书、学习。大阪高等工业学校距离日本的著名城市京都不远。京都被誉为日本的"千年古都"，保存有许多名胜古迹，但李四光根本没有时间游览观光。在他心中，学习才是第一位的。

到了期末考试，李四光考出了优异的成绩，让日本本国的学生也不得不佩服。但是，当时的日本政府歧视中国留学生，中国留学生的学习成绩再好也不能获得奖学金。日本政府还针对中国留学生发布了许多规定。比如，不允许中国留学生学习最精尖的科学技术，涉及军事技术的内容更是全面封锁，在造船厂实习不得参与实际工作，等等。日本政府的这些做法深深地伤害了李四光和其他中国留学生的自尊心。

历史上，中国曾是航海大国。但是，当欧洲造出上万吨的战列舰、巡洋舰、远洋货轮、大型邮轮、潜水艇，使用大马力的蒸汽机、内燃机时，中国已经被西方国家远远地甩在了后面。中国因无力抵御外国列强的侵略，遭到了近乎毁灭性的打击，中国人民为此蒙受了深重的灾难。

李四光认识到，现代造船工业需要优质的钢材、强大的动力机械、精密的航海仪器，而这些都需要巨额资金和大批专业技术人才。可是，当时的中国一无所有。李四光清醒地意识到，要想让中国独立自强，必须走发展实业的道路，这是一条艰难

且漫长的道路。

在日本留学期间的一个暑假，李四光回国探亲。留学生回乡的消息轰动了家乡。乡亲们纷纷来到李四光家，想看看这位年轻的留洋学生。

李四光向家人和乡亲们讲述了外国与中国的不同，讲述了自己在国外的经历。他从日本带回来不少先进科技成果的图片，他把图片一张张贴在墙上，还把带回来的矿石、植物标本都摆出来，好像一个小型展览会。乡亲们围得水泄不通，在这个小山村里，乡亲们第一次知道了火车、汽车的样子，第一次听说了纺纱、织布的动力机器，还有电灯、电话这些新潮的名词。

李四光告诉大家，这些都是先进科技带给世界的变化。这些东西在中国还不常见，但将来一定会在中国普及开来，老百姓的生活会有翻天覆地的变化。

武昌起义

　　1910年7月，李四光取得了大阪高等工业学校的毕业证书。这时，他已经在日本学习多年，也从15岁的孩子成长为年轻的工程师。毕业之后，李四光立刻回到中国。回国后，他被派到位于武昌的湖北中等工业学堂做教师，同时兼任学校实习工厂的负责人，还要为日本教师做翻译。

　　李四光的机械加工课程学得特别好，因此他负责学校的实习工厂可谓得心应手。他仔细检查了实习工厂的几个车间，很快制定出规章制度。在李四光的努力下，实习工厂的运营很快走上了正轨，他的才干让学校的教师、学生都很佩服。

　　工作期间，李四光没有忘记革命活动。回国之后，他很快就联系上了革命党人。大家互相勉励，誓要在反清革命斗争风起云涌的时代做出一番事业。李四光在革命党人聚会的时候，写下了"雄视三楚"四个大字。这正是他雄心壮志的写照。

　　1911年，黄兴在广东省领导了著名的黄花岗起义。同年，湖南省各地群众举行游行示威，反对清政府的"铁路国有"政策；四川省组织了20万人的"保路同志军"，发起多次小型武装暴动。这些都预示着一场席卷中国大地的革命风暴即将来临。

湖北省有两个革命组织：共进会和文学社。正是在李四光等同盟会会员的撮合下，共进会和文学社才联合起来，在起义的问题上达成共识。共进会和文学社决定发动一次新的武装起义，这就是武昌起义。他们在湖北新军中开展革命宣传工作，发展革命力量，积极准备起义。

就在为武昌起义做准备的紧要时刻，李四光接到通知，立即前往北京参加清政府组织的归国留学人员考试。李四光只好暂时离开武昌，到北京参加考试。但是，他时刻关注着紧张准备中的起义。

10月4日，归国留学人员考试的成绩公布了，李四光得了81分，在几百名应试者中成绩名列"最优等"，被授予"工科进士"。这种考试是在废除科举考试之后，清政府为笼络知识分子，给归国留学人员的特殊待遇。其实，许多应试者都是革命志士，早在国外留学期间就加入了革命党，对清政府赐予的名号根本不屑一顾。

10月10日晚上，武昌起义爆发，武昌全城都是起义军。起义军把清政府的旗帜撕扯下来，表示与清政府彻底决裂。武昌起义的消息传到北京，人们都在传言清政府即将被起义军推翻，李四光得知消息后决定立刻返回。随即，他乘火车绕道天津，再到上海乘船，辗转回到了武昌。

经过多日的激烈战斗，武昌的起义军占领了汉阳、汉口，中华民国军政府鄂军都督府（也称"湖北军政府"）成立。湖北军政府废除了清政府的苛捐杂税，受到当地老百姓的拥戴。武昌起义开始后，很多省份也纷纷响应起义。

清军镇压起义军，却被士气旺盛的起义军打得抱头鼠窜。起义军迅速攻占了天门、宜昌、荆州等多个城市。清政府紧急任命袁世凯为内阁总理大臣，调遣精锐部队进攻起义军。袁世凯率领的清军攻占了汉口，在这里烧杀抢掠，熊熊大火烧了三天三夜。清军还在长江边架起大炮，连续炮轰武昌，致使起义军和老百姓伤亡惨重。

同盟会领导人黄兴、宋教仁赶到武昌指挥战斗，李四光也在武昌与起义军一同奋战。回到武昌后不久，李四光就被湖北军政府任命为理财部参议。他组织码头工人和人力车夫，日夜不停地向前线运送军火、弹药，奋不顾身地战斗在起义第一线。

在武昌起义的过程中，李四光结识了同是革命志士的董必武，两个人并肩战斗。

随着武昌起义的进展，湖南、陕西、江西、山西、安徽、

江苏、广东等省份陆续建立了军政府，宣布脱离清政府的统治。宋教仁告诉李四光，孙中山即将回到国内，准备组织全国性的革命政府，同时他希望李四光担任革命政府的实业部部长，李四光却坦荡无私地推荐了马君武。

1912年1月1日，南京临时政府成立，孙中山就任临时大总统，中华民国正式拉开了历史序幕。2月12日，清朝皇帝溥仪退位，清朝覆灭，中国两千多年的封建制度也宣告灭亡。

封建专制王朝覆灭了，民主共和国诞生了，李四光相信这是一个新时代的开始。李四光满腔热忱，同时担任多项重要职务。他不仅担任湖北省同盟会的书记，负责全省同盟会的日常工作，还担任南京临时政府特派汉口建筑筹备员、湖北军政府实业部部长。

战火刚刚平息，李四光就投入到忙碌的工作当中：重建被清军烧毁、炸毁的工厂，兴办新的工厂，还要恢复停滞的商业市场。他常常往来于武汉与南京，在孙中山的部署下努力恢复武汉三镇的繁荣。在他坚持不懈的努力下，一个个工厂重新开工，一片片工地开始建设，城市出现了新气象。

不久，孙中山被迫辞去临时大总统的职务，将革命果实拱手让给了袁世凯。袁世凯执掌大权，许多投机钻营的家伙成了权贵。他们只顾自己升官发财，千方百计地排挤革命党人，政府内部也是钩心斗角，这些都导致政治环境乌烟瘴气。李四光一心想为国计民生做些实事，却举步维艰，不得不向现实低头。建设资金得不到批复；工作需要协调，政府部门却拉帮结派、争权夺利。李四光无法开展工作，只好向湖北军政府提出辞职。

当年一同参加革命的挚友宋教仁被暗杀；孙中山领导的反对袁世凯的"二次革命"被镇压……李四光的心情非常沉痛。没料到，经过多年的奋斗，国内政局仍龌龊不堪，中国的出路究竟在哪里？每每想到这个问题，李四光都感到痛彻心扉。

当时，很多革命党人都有机会出国留学，李四光也希望再到国外学习先进的科学技术，于是提出了出国留学的申请。多年以后，他回忆说："力量不够，造反不成，一肚子秽气，计算年龄还不太大，不如再读书十年，准备一份力量。"1913年秋天，李四光乘船从武汉到上海，再从上海登上前往英国的轮船，开始了他的第二次留学生涯。这一年，他 24 岁。

赴英国学地质

刚到英国的时候，李四光的英语水平很差。别人讲英语，他听不懂，书上的英语他看不明白，在日本留学期间学到的一丁点儿英语根本不够用。

那时候，中国留学生在英国学习理工科的比较多，在这样的大环境下李四光决定学习采矿专业。他知道采矿是工业的基础，没有钢铁、煤炭、石油，就没有现代工业。但是，除了英语不熟练，他的数学、物理、化学也需要补习。因此，李四光来到英国后先进预科学习。学习期间课业繁重，他常常学习数学、物理、化学这些重要课程到深夜。预科学习结束后，他如愿考入了英国伯明翰大学的采矿专业。

在伯明翰大学学习期间，李四光与后来成为戏剧家、物理学家的丁西林同住在一个公寓里，他们在异国他乡成了好朋友。为了熟练掌握英语，他们一起向一位英国老太太学习。此外，李四光每天坚持练口语、读英文原著，莎士比亚的剧本、狄更斯的小说，他读了一本又一本。很快，他就能用一口标准而流利的英语与别人交流了。后来，他又学习了德语、法语等几门外语，这为他日后的科学研究、学术交流创造了有利条件。

经过一段时间的学习，李四光深刻感受到采矿离不开地质学。不研究地质学，不清楚地质构造，采矿根本无从谈起。不久，李四光决定转入地质系。地质学要研究地壳的组成和发展变化，是重要的基础科学。这个选择对李四光意义重大，从此他全心全意地开始了地质专业的学习和研究。

伯明翰大学地质系的教授博尔顿、威尔斯和罗，都非常喜欢这个来自中国的学生李四光。在他们眼中，李四光勤奋刻苦、聪明睿智，因此他们都愿意热心帮助李四光。李四光也非常尊重他们，他虚心地向他们请教，学问也更加精深。

在英国学习不足一年，第一次世界大战就爆发了。战事紧张，很多人被征兵上了战场。英国国内物资匮乏、物价上涨，几乎每个人的生活都受到了战争的影响。比如，因为经常停电，蜡烛供应不足，学生们晚上不能读书、做作业。特别是到了冬天，公寓里又冷又潮湿，让人无法入睡。有的中国留学生看到生活如此艰难，便抛下学业急忙回了国。不过，习惯了艰苦生活的李四光却十分珍惜学习机会。他节衣缩食，克服战争的影响，孜孜不倦地汲取知识，在紧张的战争环境中为自己营造一方净土。

暑假期间，李四光听说英国某地的煤矿缺少矿工，需要招收一些临时工，他便利用暑假在煤矿做矿工。这样既能赚到一些生活费，也获得了实习的机会。

每天李四光都要下到几百米深的矿井中工作，环境极其危险。而且，挖煤必须抢镐头，这让他累得筋疲力尽。但是，在煤矿当矿工的这段时间，李四光学到了许多课堂上没有的知识。比如，他一边干活儿，一边细心观察地质构造、煤层特征，有了许多有意义的发现。每当这时，他总会想到遥远的祖国。他知道中国有丰富的煤炭资源，但煤炭储量有多少、分布规律是怎样的、如何进行开采……这些问题都没有得到解决。此外，他还迫切地想知道中国有哪些矿产资源和能源尚未探明，因此他决心以中国的地质情况为研究方向，为中国矿产资源的开发

和工业发展贡献力量。

　　开学后，李四光经常外出进行地质考察。英国在近代地质学的启蒙运动中具有举足轻重的地位，因此他很珍惜在英国学习的机会。他以考察英国的地形、地貌和地质构造作为起点，逐渐走遍欧洲大陆，见证并分析了多处独特的地形、地貌。他深切地领悟到，要想学好地质学，除了要掌握书本上的知识，更要注重实地考察和研究分析。

　　从 1917 年 7 月开始，李四光搜集大量有关中国地质情况的文献资料。经过反复研究、认真思考，他用了将近一年的时间写出硕士论文《中国之地质》。这不仅是内容详尽、理论扎实的论文，也是一本厚厚的专著。在论文中，他写道："近几十年来，科学普遍迅速地发展，影响所及，促使地质学家也要做出应有的贡献。古老景观神奇般地再现，地球有史以来各个时期古地理的多种推测，自然而然地唤起了地质学家扩大知识范围的渴望；加上开发矿藏的需要日益增长，使得许多西方地质学家把注意力转向新的角逐场——远东。现今，我们所有为量不多的有关亚洲大陆上幅员辽阔的中华共和国的地质知识，大都是在这种时代召唤之下，由那些热心的考察者努力做出的结果。"在论文中他还提到，"一方面，要为纯科学的发展而尽力；另一方面，要用得来的知识，直接或间接地去解决有关工业的问题。"这篇论文获得教授们的一致赞誉，李四光也顺利获得了自然科学硕士学位。

临近毕业，伯明翰大学的教授建议他留在英国继续攻读博士，也有人推荐他去印度担任地质工程师，待遇相当优厚。不过，李四光婉拒了这些建议，他要回到中国，为中国勘探矿产资源。

那时候，中国正值军阀混战时期，社会动荡不安。每当李四光想起中国乌烟瘴气的时局，就不由得发出感慨："中国的出路何在？中华民族怎样才能复兴？"他还常常吟咏李白的诗句："行路难，行路难，多歧路，今安在？"来抒发自己的爱国情怀。

有时候，他以小提琴独奏的形式抒发自己的心情。1920年，李四光回国途中在法国短暂停留。在这期间，他用自己心爱的小提琴创作了一首乐曲，并用李白的诗篇《行路难》为这首乐曲命名。这是他心灵的诉说，寄托了他的希望，也表达了他对祖国命运的思索。这首乐曲的旋律既象征了炽热感情的呼唤，也象征了执着理想的追求和激昂奋起的呐喊。

李四光创作的《行路难》是第一支由中国人谱写的小提琴曲。音乐家曾高度评价道："最可贵的是乐曲立意深邃，《行路难》，这真是中国知识分子苦难历程的概括。"

　　今天，这份珍贵的乐谱保存在上海音乐学院的图书馆内。

第三章 │ 青年教授

北京大学新来的教授

1920 年秋天，李四光回到中国。

1921 年 1 月，他入职北京大学，成为北京大学地质系的教授。这位年轻的教授有着不平凡的经历：他是同盟会最早的会员之一，曾参加武昌起义，在日本和英国两度留学，而且都取得了优异的成绩。

在北京大学地质系，李四光负责讲授岩石学和高等岩石学，同时还要带领学生进行野外实习，工作既紧张又充实。

北京大学创办于 1898 年，初名京师大学堂，是中国第一所综合性大学，1912 年更名为北京大学。1917 年，蔡元培就任北京大学校长。他是同盟会的元老，也是中国近代著名的教育家。蔡元培"循思想自由原则，取兼容并包主义"，对北京大学进行了卓有成效的改革，把北京大学办得有声有色。

李四光的教学任务很重，每周要上 23 课时。尽管课程排得满满当当，但他仍会一丝不苟地备课，比如查阅大量文献资料、编写教案、准备实物标本或挂图等。学生们都喜欢听李四光讲课。他讲课旁征博引、内容丰富、理论联系实际，尤其注重学生们基础知识的掌握和基本功的练习。下了课，很多学生都会向他请教问题，晚上还有学生到他的家里请教，他总是耐心地跟学生一起探讨。这样有学问又热心的教授广受学生们的欢迎。

李四光很重视野外实习，因此他经常带着学生们在北京及其周边翻山越岭、涉水爬坡。每经过一个山头、一道山谷，他都要停下脚步，跟学生们一起分析地质特征和岩层结构。他还耐心、细致地教学生们测量地层层序、走向倾角、断裂方位，分析地质特点。如果有的学生一时回答不出来，他从不会批评指责，而是启发、引导学生再做思考。

有一次野外实习，李四光布置任务，让学生们寻找岩石标本，特别是注意寻找矿石、化石标本。随后，学生们立刻四散开来，他们爬到山坡上、下到河谷中，按照要求仔细寻找。有的学生性子急，抱着一块石头就说自己有了新发现。李四光理解学生迫切完成任务的心情，于是不慌不忙地问道："这块石头是在哪里发现的？周围是什么地层？地层的特点是什么？"结果学生张口结舌，一句也答不出来。李四光亲切地告诉学生，采集岩石标本必须做详细的记录，认真观察，不能草率行事。

野外实习虽然让学生们身体劳累，但大家在李四光的指导下有了很多收获，都盼着多进行这样的野外实习教学。

　　李四光带领学生们在北京门头沟山区开展野外实习的时候，还发生过这样一件事。有一天，大家结束一天的野外实习回到住宿地时，天已经黑了。可是，学生杨钟健还没有回来，大家都不知道他去了哪里。过了好久，杨钟健才回到住宿地。只见他背着一块沉重的大石头，踉踉跄跄地走过来。李四光赶忙迎过去，帮他把石头放下来。虽然杨钟健累得满头大汗，但神情却显得很兴奋，他激动地说："这是一块植物化石！"听他这么一说，李四光和其他学生都围着这块大石头仔细瞧起来。这果然是一块罕见的植物化石，上面的枝叶痕迹清晰，很有研究价值。李四光为自己的学生能有这样了不起的收获而欣慰，

他称赞道："当年，陶渊明'带月荷锄归'，今天你是'带月荷石归'呀！"杨钟健从北京大学地质系毕业后，听从李四光的建议，到德国学习古脊椎生物学，后来成为中国研究古脊椎生物的著名科学家。他毕生都感激李四光对他的引导和帮助。

野外实习结束后，学生们背着岩石和矿石标本，高高兴兴地回到学校，他们也成了北京大学一道独特的风景。李四光特别喜爱各种岩石，每次野外实习他自己也会采集很多特征鲜明的岩石标本。他的背包里常常装满大大小小的岩石，背包里装不下，他就顺手把岩石装进裤兜里。时间久了，岩石的棱角把裤子磨破了他也不在意。调皮的学生给他起了个不雅的绰号：破裤子先生。不过，李四光一点儿也不介意学生给他起的绰号，因为他的心思都在科研工作上。

李四光给学生们出的考题也是别出心裁。除了普通的笔试考题，每个学生还必须回答一道特殊的考题。考试的时候，李四光要求每次只能有一名学生进入考场。考场内的桌子上摆着6块岩石，每块岩石都标着序号。参加考试的学生必须在规定的时间内，说明每块岩石的名称、成分、生成条件、主要产地等信息。这样的考题目的是考查学生对岩石的鉴别和分析，比笔试的难度大多了，如果有的学生只会背书、猜题，一定考不及格。在此之前，北京大学还没有类似的考试，李四光是第一个这样出考题的教授。从考场出来的学生常常紧张得满头大汗，有的学生因准备不足，甚至会痛哭流涕，但李四光的良苦用心让他们都心服口服。学生们知道，只有在这样的考试中考出优异成绩，才称得上是真才实学！

地质系经费不足，教室简陋，实验室也很小，李四光只好把实验室隔成两间：一间作为岩石和古生物实验室，收藏岩石和化石标本；另一间作为矿物实验室，收藏矿物和晶体标本。但是，实验室的面积实在太小了，根本容不下几个学生一同做实验。

为此，李四光多次找蔡元培校长，请求他解决地质系教学条件的实际困难。他说，地质系至少需要 4 个实验室，4 个专用教室，还要为暗室、标本制作和模型制作配备 3 个准备室。

蔡元培校长保证一定全力支持地质系的教学工作，他把学校东北角的几个空房间划拨给了地质系，为实验室增拨了经费，方便购买仪器设备。蔡元培校长还答应李四光，以后地质系的学生外出实习、考察，学校都会发放车费补贴。校长的大力支持让李四光喜出望外。

校长的理解和鼓励打消了李四光的后顾之忧，他带着地质系的学生放开手脚大力建设地质系。大家齐心协力把地质系院子里的杂草清理干净，还砌了一个圆形水池，并栽上荷花。水池中的石台上安放着一台古色古香的日晷，石台的正面刻着"仰以观于天文"，背面刻着"俯以察于地理"，左右两侧分别刻着"近取诸身"和"远取诸物"。地质系的院子在李四光的治理下变了样子，既整洁又高雅，教授们都称赞李四光做得好。

1922 年，北京大学 25 周年校庆时，李四光是校庆纪念会筹备委员会的委员。他和地质系的师生一起，把各种岩石、矿石、植物化石、动物化石标本整齐地布置在实验室，并配上文字说明和图片，在校庆期间公开展览。校庆的时候，学校里热闹非凡，其他系的师生和各界来宾争相到地质系参观。

虽然大学教师是一份体面的工作，但当时的中国正处于军阀混战时期，教育事业得不到重视，北洋政府经常拖欠教师的工资，导致许多大学教师生活窘迫，甚至不能保证基本的生活需求。

北京大学等 8 所大学的教师联合成立索薪团，李四光、李大钊、马寅初等人作为代表到北洋政府总统府请愿，还到北洋政府教育部门前游行。可是，北洋政府对前来请愿的教师代表进行镇压，军警抢着警棍把他们打得头破血流。在这种形势下，教师和学生决定罢课、游行，并通过撒传单、发通电等途径给北洋政府施压。面对北洋政府的野蛮行径，李四光没有退缩，他积极参加这些活动。终于，北洋政府迫于舆论压力，补发了教师的工资。

李四光不仅是年轻的教授，也是正直热心的社会活动家。1925 年，京师图书馆建成，需要聘请学识渊博的学者作为馆长。大家一致推选梁启超担任馆长，李四光担任副馆长。李四光有资历、有学问，还精通四国外语，而且为人正直，具有一定的社会影响力。然而，当朋友们请他出任京师图书馆的副馆长时，他却一再推辞。最后，实在推辞不掉，李四光就提出了一个特别的条件：工作可以尽力，工资只领一半，另一半捐给图书馆用来购买书籍。

李四光为中国图书馆事业的发展做出了多方面的贡献。1928 年，李四光担任武汉大学新校舍建筑设备委员会委员长，他主持建造的武汉大学图书馆至今仍为世人所称道。

奇妙的蜓

燃料，在工业生产、日常生活中是不可或缺的能源。李四光曾在英国的煤矿工作过，每天都要到数百米深的矿井下挖煤，因此他切身体会到燃料作为能源的重要性。回国以后，他也曾带领学生多次到河北、河南、山西等省份的煤矿实习。

元朝时，意大利人马可·波罗来到中国，见到中国人用黑色的"石头"烧火，而且火力旺盛、燃烧持久，他感到非常惊讶。由此可以推断，在公元13世纪以前，欧洲人还没有使用过煤炭。中国是世界上最早使用煤炭的国家之一，煤炭储量非常丰富。但是，怎么才能勘探到地下的煤炭资源呢？含煤地层有什么特点呢？煤炭分布是怎样的呢？很多地质学家都在研究这些问题，他们各执一词提出了种种理论。

距今3.5亿～2.3亿年前的石炭纪和二叠纪，是地球生命中重要的成煤期。地球经过沧海桑田的变化，植物的枝叶和根茎被埋入地下。经过千万年的空气隔绝，在高温、高压的自然条件下，植物的枝叶和根茎经过一系列复杂的物理和化学变化，形成了黑色可燃沉积岩，这就是煤炭的形成过程。

但是，如何寻找石炭纪和二叠纪的地层？如何判断地层是否属于石炭纪或二叠纪呢？李四光特别关注这个研究课题。他采集了很多石炭纪和二叠纪的岩石标本，深入研究，反复琢磨。功夫不负有心人，经过仔细对比和研究，李四光发现，在许多石炭纪和二叠纪的地层中都有一种很小的古生物化石，这个现象引起了他的兴趣。

这种古生物体积很小，它们曾生长在浅海底部，外形看起来像中间大、两头小的纺锤，外面还有一层薄薄的硬壳。在石炭纪和二叠纪，这种古生物的生长十分活跃，分布很广，但在二叠纪之后它们就灭绝了。

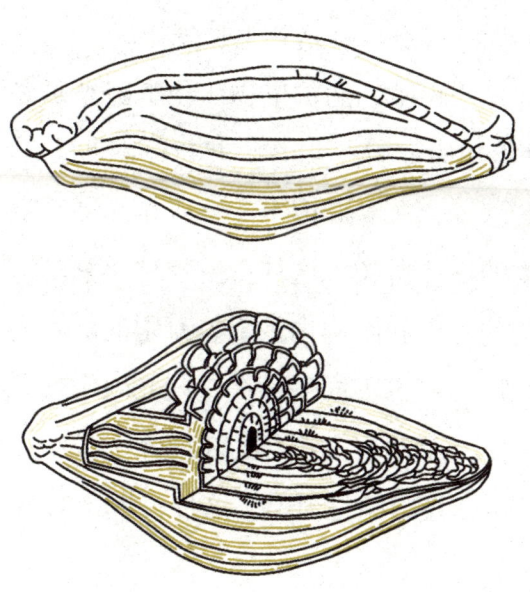

　　直到 20 世纪初，世界各国的地质学家都没有对这种古生物给予过多关注，只有日本的一些地质学家对这种古生物略做了一些考察，但考察结果也仅限于为它们起了名字——"纺锤虫"，后续再没有深入研究。

　　李四光发现，这种古生物化石在中国分布广泛，值得深入研究。李四光大量采集了这种古生物化石标本，并把它们制成厚度不足 1 毫米的切片，放在显微镜下观察。

　　李四光除了要在显微镜下仔细观察切片，还要一笔一笔地画出切片的不同剖面和内部构造。他不放过任何细节，也不能出现任何差错。然后，他查阅大量资料进行综合分析，从而找出这种古生物的特点，总结其生长规律。

　　就是这样一种微小的古生物，让李四光研究了数年之久。这些年，他挤出时间就在实验室里专心致志地磨切片、做研究，直至工作到深夜。在显微镜下，李四光仔细观察，逐渐发现了这种古生物的许多奥秘。这种古生物种类繁多，细致观察的话会发现它们的外观和结构也是千差万别的，它们大小不同、外壳不同、细胞结构也不同……在李四光眼中，这种小小的古生物为他打开了一个鲜有人涉足的新世界。

　　终于，李四光归纳整理出了这种古生物的不同形态、结构，总结出了不同的种属及其发展演化特点和生长分布规律，为判断地层年代和地层特点提供了重要依据。

李四光高兴极了，这种小小的古生物化石在中国分布很广，找到它们就可以断定地层年代是否属于石炭纪和二叠纪，再通过分析种属就可以明确具体的地层年代，这对发现、探明含煤地层具有重大意义。

在对这种古生物有了深入的了解之后，李四光认为，日本地质学家把它们叫作"纺锤虫"并不准确。他想给这种古生物起一个合适的名字，于是他想到家乡的织布机上有一种缠绕着丝线的小竹管。小竹管被称为"筳"，外形中间粗、两头细，跟这种古生物倒有几分相像。而且这种古生物的体积跟蜗牛差不多，于是李四光把"筳"字和"蜗牛"的"蜗"字结合起来，给这种古生物命名为"筳蜗"，意思是"筳状的小虫"。

1923 年，李四光发表论文《筳蜗鉴定法》。一年后，他陆续发表了《筳蜗的新名词描述》《山西东北平定盆地之筳蜗》《葛氏筳蜗及其在筳蜗族进化程序上之位置》几篇论文。这些论文引起了学术界的重视，人们称赞说，这是意义重大的科学发现。但也有人提出质疑：为什么叫筳蜗？这种古生物是不是一种蜗牛？

　　为了消除误会，李四光决心为这种古生物起一个更准确的名字。既然不用"蜗"字，而且没有更合适的字来替代，李四光干脆造了一个全新的字。他在"筳"字左边加一个"虫"字作为部首，组成"蜓"字。这是他创造的汉字，连收录汉字最多的《康熙字典》中也查不到。大家都评价这个字造得好，一看就知道它代表形状像"筳"的一种小虫。从此，汉字里出现了一个有意思的新字，而且被科学界接受和认可了。

　　李四光系统地研究了蜓，总结了蜓的主要特征，研究成果丰富、准确而严谨。他的理论在山西、辽宁、江苏等多个省份和地区得到了验证，在北美、中亚、东欧的许多国家产生了重大影响，得到了国际学术界的公认。

　　后来，李四光陆续发现了20多种不同种类的蜓。按照科学惯例，他可以为自己的新发现命名。不同种类的蜓应该怎么命名呢？这时，他想起了英国伯明翰大学的恩师威尔斯、博尔顿和罗，他充满敬意地命名了李氏威尔斯·博尔顿蜓、李氏罗·博尔顿蜓。他还把两个新属命名为丁文江属蜓和翁文灏属蜓，表达对中国地质学界两位权威学者的敬意。

　　结合对蜓的研究，李四光考察了中国北部地区的地质情况。过去，人们把石炭纪和二叠纪的含煤地层统称为太原系。根据地层中不同的蟆化石，李四光指出太原系应分为两段：上段是山西系，属下二叠纪；下段是本溪系，属中石炭纪。两段相差了几千万年。这个科学的划分为中国探明含煤地层提供了重要依据。

经过几年的研究，李四光的科学著作《中国北部之蟆科》出版了。他特意给英国伯明翰大学的博尔顿教授寄去一本。博尔顿教授看到这部著作十分高兴，于是把它推荐给伯明翰大学。1931 年，伯明翰大学根据李四光对蟆科研究的贡献，决定授予他自然科学博士学位。

李四光继续研究蟆，不断取得新的成果。后来，运用古生物化石探明含煤地层成了重要的科学依据。新中国成立以后，在新疆、陕北、内蒙古等省份和地区发现了多个储量丰富的煤田，小小的蟆发挥了重要作用。

中国的第四纪冰川考察

1921 年夏天，李四光带着学生在河北省邢台南部的沙河实习，考察地形、地质构造。沙河西面的崇山峻岭属于太行山麓。有一天，他们在穿越沙河盆地时，李四光发现一座孤零零的小山包。这座小山包呈半圆形，样子非常独特，跟不远处巨石嶙峋的太行山完全不一样。小山包周围有一片凌乱的大石头，这些大石头的样子跟小山包也明显不同。小山包是怎么形成的呢？大石头又是从哪里来的呢？李四光围着小山包转过来，走过去，苦苦思索着。突然，他眼前一亮，这会不会是冰川遗迹？

在地球漫长的生命中，出现过多次冰川时期。在冰川时期，地球被厚厚的冰层覆盖，冰层厚度从几十米到上千米不等。一些高山被冰层覆盖，只有顶部能够露在外面。

冰川运动在地球上留下了许多痕迹：地面被掘蚀、磨蚀，山谷被磨成 U 形，竖立的岩石被磨成刃脊，横置的岩石被磨得光滑平整，表面留下擦痕。冰川搬运大大小小的岩石的现象，叫作冰川漂砾，它还带来了各种堆积物。

冰川时期早已结束，只有地势高的地区和高大的山脉，如中国的青藏高原、欧洲的阿尔卑斯山，以及南极洲还保存有冰川。李四光曾经在欧洲的阿尔卑斯山考察过冰川地形，并做了详细的记录和研究。那么，眼前的景象是不是属于冰川遗迹呢？

德国的地质学家李希霍芬曾先后多次到中国的河北、山东、四川等省份进行地质考察，但从没有发现过冰川遗迹。据此，国内外的地质学家都认为中国不可能有第四纪冰川。如果李四光在河北省邢台南部发现的小山包果真是冰川遗迹，那将是轰动科学界的重大发现。因此，李四光慎之又慎，不敢贸然下结论，他必须找到大量可靠的资料作为证据。

李四光细致地考察了小山包周围的地形，他发现很多砾石表面隐隐约约有擦痕，他还发现一块大石头表面有三组清晰的平行状擦痕，在坚硬的砂岩上也有明显的划沟。这些痕迹是怎么形成的？是不是冰川磨蚀所致？面对这些疑似的冰川遗迹，李四光开始认真思考：中国究竟有没有第四纪冰川？

同年，李四光到山西省大同进行煤田地质调查时，发现一条山谷很像冰川形成的 U 形谷，谷底的巨大岩石上有明显的擦痕。李四光把观察到的这些现象用英文写成题为《华北挽近冰川作用的遗迹》的报道，刊登在英国的《地质杂志》上。文中，他列举了多次考察的发现，这篇报道也成为中国地质界对冰川深入研究的开始。

中国地质学会于 1922 年成立，中国近代地质学奠基人之一的章鸿钊被选为会长，李四光、翁文灏为副会长。李四光在中国地质学会第三次全体会员大会上，做了题为《中国第四纪冰川作用的证据》的学术报告，提出中国华北地区曾出现过第四纪冰川的观点。他的报告引起了大家的关注和热议。

北洋政府农商部顾问、瑞典地质学家安特生参加了会议。他听了李四光的报告后，只是轻蔑地一笑，表示不认可李四光的观点。在当时的地质学领域，安特生有巨大的知名度和影响力，由他组成的"冰川现象"圈子把持着权威。

安特生这样傲慢的态度导致参会者噤若寒蝉。不过，李四光没有气馁，他决心继续观察，搜集更多的证据和资料来证明自己的观点。

为了搜集更多关于中国第四纪冰川的证据，李四光耗费了将近 10 年的时光。1931 年，他带学生到江西庐山实习。庐山位于长江南岸的鄱阳湖边，庐山山峰巍然耸立，鄱阳湖波光粼粼，风景秀美多姿，古往今来有许多文人墨客都为庐山留下了不朽的诗篇。然而，对地质学家李四光来说，最吸引他的是这里独特的地貌。

有一天，李四光站在一座山岭上向远处眺望，惊奇地发现一座大山两侧的山谷地形与众不同。一般而言，山谷地形大都是曲折险峻的，然而这里却平缓开阔，而且谷壁光滑。这是为什么呢？他爬下山谷，发现谷底有红色的黏土，夹杂在黏土中的砾石残留着一道道条状擦痕。过了几天，李四光在另一个山谷中发现了一块重达数吨的巨石。李四光内心沸腾起来了，这块巨石与他儿时在家乡看到的那块大石头何其相似呀！时隔30多年，在庐山这个风景秀丽的地方，他居然又见到了像是未解之谜的石头，这绝对不是巧合。不过，这些条状擦痕是怎么形成的？谷底的砾石是从哪里来的？那块巨石又来自何方？这显然不是流水的作用。李四光突然冒出一个想法：这里是否存在过第四纪冰川？这条山谷会不会是冰川形成的U形谷？巨石是冰川运动搬运而来的吗？李四光经过反复观察和仔细琢磨，提出了大胆的设想：家乡的大石头和眼前的巨石莫非都是第四纪冰川的漂砾？倘若如此，它们应该是随冰川运动漂流而来的。

第二年，李四光又来到庐山考察。这一次，他发现了更多地质现象，还发现了冰川形成的漏斗状洼地，以及大量的冰川堆积物。

这一次，李四光足足在庐山考察了20多天。下山以后，他乘船沿着长江顺流而下，一直来到安徽省的东流（现为东至县）。李四光发现这里的砾石和黏土跟庐山山脚下的非常相似。李四光认为，庐山一带有过第四纪冰川，最后一次冰期在13000多年前，跟他考察过的阿尔卑斯山的冰期接近。

在题为《扬子江流域之第四纪冰期》的论文中，李四光提出证据，证明长江流域确实存在过第四纪冰川，庐山是中国第四纪冰川的典型地区。1933年，李四光在中国地质学会第十次年会上宣读了这篇论文，引起了地质学界的广泛关注。会上，李四光拿出许多实物照片、岩石标本、地质图，资料非常丰富。一些地质学家同意他的观点，但大多数地质学家仍对中国出现过第四纪冰川持怀疑态度，因为他们更信任权威学者的结论。

1934年，中国地质学会邀请中外地质学家到庐山考察，其中有英国地质学家巴尔博、瑞典地质学家诺林、法国地质学家德日进，还有不少中国的地质学家。李四光带着大家观察冰川遗迹，同时讲述了自己的观点。许多地质学家虽然表示惊讶，但并不认同李四光的观点，只有瑞典地质学家诺林悄悄地告诉李四光："假如这些现象在我的家乡被发现，这毫无疑问是冰川造成的。"

李四光明白，许多外国的地质学家不承认庐山曾有过第四纪冰川，是为了维护自己的学术威信，不愿意向中国人低头。
这是学术的歧视！

1936 年，李四光带着助手来到黄山考察。他们在黄山发现了典型的冰川 U 形谷。李四光踌躇满志，把这次的考察发现写成题为《安徽黄山之第四纪冰川现象》的学术论文。当时，一位在中国任教的外国冰川学家费斯曼看到论文，专程两次赶到黄山进行调研。他把李四光的论文推荐给德国的地质学杂志，同时称赞这是一个颠覆以往的发现。

1936 年 8 月，李四光再次来到庐山考察冰川遗迹。他穿着草鞋、戴着草帽，早出晚归，在庐山进行了广泛的现场调研。

在鄱阳湖畔的白石嘴，李四光发现多处带有冰溜条痕的石灰岩。他坚信这就是第四纪冰川遗迹的确凿证据！

李四光决定，在庐山山脚下、鄱阳湖畔的白石嘴建一座冰碛标本陈列馆。

多年来，李四光写下了一篇篇关于中国第四纪冰川的论文。1937 年，他把在庐山考察冰川遗迹的收获写成科学专著《冰期之庐山》。但是，由于抗日战争的影响，这部专著直到1947 年才得以出版。现在，庐山、黄山都是享誉中外的地质公园。冰川遗迹被妥善地保护，供学者和游人研究、参观。

温暖的家

李四光在工作上兢兢业业，在学术上取得突出成就。他的人品和才华让他有幸结识了出身书香门第的许淑彬。

有一次，为了给受灾地区募捐，朋友请李四光参加募捐义演。演出中，李四光拉着小提琴演奏了一支支动人的乐曲。为他弹钢琴伴奏的姑娘就是许淑彬，他们的配合非常默契，可谓珠联璧合。

演出结束后，经朋友介绍，李四光正式结识了这位来自北京女子师范大学附中的英语和音乐教师。许淑彬觉得李四光诚恳厚道、学识渊博。而且，他们都热爱音乐，这个共同的爱好在他们之间架起了沟通心灵的桥梁。

两个人交往了两年多，感情日渐深厚。1923 年 1 月 14 日，李四光和许淑彬在北京举行了婚礼，蔡元培做证婚人，他们的好友丁西林、翁文灏、丁文江都前来祝贺。

李四光和许淑彬婚后的生活是幸福的。1923 年底，他们的女儿出生了，夫妻俩为女儿取名李熙芝，这个名字寓意着欢乐、吉祥。许淑彬盼望李四光能经常陪伴她左右，两人共同建设他们的小家。然而，李四光为了科研工作全身心地投入。他

白天在学校上课、做实验，直到很晚才能回家。回家后，他还要读书、写作到深夜，甚至到了废寝忘食的地步。有了女儿之后，家中烦琐的事情更多了，为了支持李四光的工作，许淑彬只好包揽了所有家务。许淑彬住院了，李四光也抽不出时间陪伴她，即便坐在病床旁边，他还是拿着笔写文章。许淑彬心中虽有怨气，但她是个知书达理的人，很少责怪丈夫。

有一次，女儿的生日正巧是星期日，全家商量好一起去颐和园游玩。他们的家在城里，距离颐和园比较远。而且，那时候没有公共汽车，更没有出租车，交通非常不便，他们只好雇了一头毛驴，准备骑着去颐和园。但是，一大早李四光就不见了，谁都不知道他去了哪里。许淑彬只好闷闷不乐地抱着女儿，骑上毛驴去了颐和园。

原来，李四光想起有一篇论文要修改，于是天还没亮他就离开家，赶到了办公室，专心致志地修改起论文来。改完论文，天已经大亮，他一拍脑门儿才想起来今天全家商量好要去颐和园。他立刻骑上自行车，拼命向颐和园赶去。从北京大学地质学馆到颐和园的路程遥远，他骑车骑得满头大汗。

李四光紧赶慢赶总算在颐和园门口看见了正在焦急等待他的妻子和女儿。他急忙把女儿抱过来，一再对妻子表示歉意，许淑彬的满腹委屈这才烟消云散，于是一家人高高兴兴地游览起颐和园的湖光山色来。

平时，邻居们常常看见李四光大包小包地往家里背东西，都以为他拿回来的是值钱的宝贝。但是，许淑彬知道，李四光带回来的全是石头。每次外出考察，李四光都会带回来一包包石头，他说那些是岩石标本，需要好好地研究。这些看似普通的石头对李四光来说就是宝贝，让他爱不释手。

有一次，李四光从山西大同考察回来，带回来几块石头。

过了几天，他发现那块最大的石头不见了。原来，许淑彬把那块大石头拿去压咸菜缸了。之后，她把石头随手放在院子里，不知道被谁拿走了。

这下，李四光急了："那是一块重要的岩石标本！你怎么把它扔了？那块石头上面有冰川留下的条状擦痕，我还要研究呢！"

几十年以后，许淑彬已白发苍苍，她还记着这件事情。中国第四纪冰川遗迹的重要岩石标本让她压了咸菜缸，又不小心弄丢了，真是太可惜了！后来，她把这块岩石标本的事情写进了自己的回忆录。

一天晚上，李四光回到家，发现屋子里静静的，没有一点儿声音。他以为妻子和女儿已经睡着了，于是轻手轻脚地打开电灯。不料，他的床上堆满了大石头，女儿的床上也堆着石头，却不见妻子和女儿的身影。李四光明白了，这是妻子对他无声的抗议。从此以后，李四光想办法兼顾工作和家庭，对妻子体贴入微，两个人的感情更好了。有时候，李四光在办公室工作到很晚，许淑彬也不再有怨气。她时常带着女儿来到李四光的办公室接他回家。

有一天，女儿李熙芝蹑手蹑脚地走进李四光的办公室，站在旁边静静地看着爸爸。此时，李四光正弯着腰俯在显微镜上，脑子里想的全是化石。他隐约觉得身边有个孩子，可全神贯注于工作的李四光根本无暇顾及身边的人和物。他头也不抬地问道："你是谁家的孩子？这么晚了还不回家？"直到女儿咯咯地笑出声来，李四光才发现原来是自己的女儿。李四光的科研精神深深影响着女儿。李熙芝后来改名为李林，成为中国科学院的院士，为中国的科学事业做出了杰出贡献。

第四章 | 高风亮节
中国人的骨气

1925 年 5 月 30 日，上海的日本纱厂工人举行罢工抗议，日本资本家打死、打伤抗议工人，引发上海群众的游行示威。租界的英国巡捕向群众悍然开枪，当场打死十几人，被捕者、受伤者无数，酿成了"五卅惨案"。

"五卅惨案"激起了中国人的愤怒。北京大学成立了"五卅惨案"后援委员会，李四光被选为委员和临时干事。他组织募捐、致电政府，强烈要求收回外国租界，解除外国列强在中国的武装。在游行示威的队伍中，李四光走在前面。

当时的中国，内有军阀混战，外有列强压迫，中国人毫无主权国家人民的尊严可言。列强的压迫不仅体现在政治方面，在学术界中国人同样没有话语权。

在一次地质学大会上，一位来自美国的地质学家讲起他们在中国发现恐龙化石的经过。他不无得意地说："我们打着美国国旗，唱着美国国歌，迈着大步庆祝我们的新发现。"美国地质学家的狂妄让李四光愤怒至极。散会后，他对一起参加会议的中国学者说："美国人太傲慢了，我们中国的科学工作者要立志做出一番成就，让全世界听到中国人的声音！"

后来，李四光明确提出，中国是一个主权国家，他反对外国人在中国不受限制地进行科学考察，更不允许外国人把中国的文物、标本随意带走。李四光在《现代评论》上发表了一篇文章，标题是《黄种人还有生存的余地么？》。李四光用悲愤的心情写道："几乎无一段史迹，不是间接或直接、永远或暂时的关于民族（的）运动。"文中，他以受列强压迫的中国人的口吻呼吁大家打起精神，为中华民族奋斗不息。

1928 年，国民政府研究院的地质研究所在南京成立，李四光担任地质研究所所长。在任期间，李四光致力于加强地质学的基础建设和人才培养，目的是用先进科学助力中华民族的复兴和自强。当初加入同盟会时，孙中山告诫他的"努力向学，蔚为国用"，他一直铭记在心。在工作中，他提出加强理论研究、重视实地调查、培养人才等几项重要任务，用实际行动践行了"努力向学，蔚为国用"的教导。

然而，国民政府的专制、腐败，对外国列强的妥协让李四光非常失望。

有一次，李四光去上海出差，在大街上他突然看到了北京大学地质系的高才生喻德渊。喻德渊因在北京组织铁路工人罢工，正被国民政府通缉。李四光遇到他的时候，喻德渊身上穿得破破烂烂的，完全没有知识分子的尊严。

　　眼前这一幕让李四光震惊了，他意识到自己必须援救喻德渊。于是，他当即对喻德渊说："跟我到地质研究所工作吧。"就这样，喻德渊在李四光的帮助下安顿下来，专心致志地投入到科研工作中。后来，喻德渊在地质研究所工作，成为李四光的助手，为地质学做了很多有价值的工作。新中国成立后，喻德渊成为中国地质教育事业的重要开拓者之一，历任长春地质学院院长、中国科学院吉林分院副院长等职务。他重视科学理论，吸收先进的科学技术，为中国的地质学发展培养了大批优秀人才，为中国的地质教育事业做出了不可磨灭的贡献。

　　1931年，日本帝国主义发动"九一八"事变，侵占东北三省，国民政府却推行"不抵抗政策"。1932年，日本帝国主义又发动了"一·二八"事变，进攻上海。中国军民奋勇抵抗，可国民政府却竭力避免冲突，主张忍让，又一次出卖了民族利益，这种做法激起了全中国人民一致抗日的决心。

　　在国难当头的特殊时期，李四光拿出自己不多的积蓄资助北京大学东北籍的学生，帮助他们解决生活困难。国民政府对日本侵略者的政策让李四光感到愤怒。在他看来，中国已经病入膏肓，用常规的方法是治不好的，只有采取特殊的方法进行抢救了。

在徐州附近的九里山实习时，李四光和学生彻夜长谈。他们谈到中国的时局，都感到前路茫茫。一边是日本帝国主义的步步紧逼，一边是形势危急的国内政局，中国未来的出路究竟在何方？李四光长长地叹了一口气："不知道要把中国糟蹋成什么样子！苦难的国家何时才有出头之日呀！"李四光针砭时弊，他的爱国情怀深深影响了自己的学生。

1934 年，李四光应邀到英国讲学。他在 8 所大学以《中国地质学》为主题做学术报告。李四光的学术报告内容丰富、逻辑严密，他的英语流利而优美，得到外国专家的一致好评。然而，成功背后付出的艰辛只有他自己知道。讲学结束之后，李四光整理《中国地质学》的讲稿，打算在英国把讲稿整理成书。但是，在异国他乡必定要克服许多生活上的困难。为了完成这部著作，他们全家在英国省吃俭用。因为租不起条件好的房子，他们只得暂居在一个狭窄的阁楼上。在简陋的环境中，李四光足足用了半年时间，终于写完了这部厚厚的著作。

李四光的《中国地质学》是一部著名的地质专业著作，很多学者都对它有高度评价。中国科学院外籍院士、英国近代生物化学家李约瑟称赞说："李四光作为最卓越的地质学家之一，为我们提供了一部内容丰富的地质学著作——《中国地质学》。"

李四光的《中国地质学》受到学术界的好评，后来被译成多国文字，并多次再版。这部著作每次重新出版，李四光都要细心地修订、补充新的内容，保证内容跟得上最前沿的科学研究成果。

离开英国，李四光一家横渡大西洋前往美国。来到美国后，李四光马不停蹄地开始了对美洲大陆的地质考察。他用了半个多月的时间，在位于美国东海岸的纽约乘火车，穿过平原，越过高山，爬上高原，跨过地质大断层，到达了太平洋沿岸的洛杉矶。这一路，他没有游览风景名胜，那些寂静无人的崇山峻岭、险峻的峡谷才是他眼中最美的风景，让他流连忘返。

在美国考察期间，他特意考察了美国油田的地质情况，做了大量笔记。在回国的轮船上，他依然忙碌地整理资料，把考察所得写成论文。

悼念杨铨 不畏强暴

李四光是国民政府研究院地质研究所所长，他和研究院的总干事杨铨是好朋友。

杨铨，也称杨杏佛，早年加入同盟会，曾担任孙中山的秘书，是一位博学多才的爱国学者。他非常支持李四光的工作，为地质研究所解决房屋、经费困难。李四光钦佩杨铨为人热心、富有正义感，两个人有很多共同语言。

1932 年，宋庆龄、蔡元培、杨铨等人发起成立了中国民权保障同盟，争取民权，争取人民的言论、出版、结社、集会自由，反对国民政府对日本帝国主义的妥协投降。李四光得知中国民权保障同盟成立的消息，毫不犹豫地表示要加入其中。国民党反动派的倒行逆施，让他越发感到愤懑，他完全赞成中国必须获得政治解放和民族解放的倡议。

最初，参加中国民权保障同盟的只有 40 多人，其中包括鲁迅、邹韬奋、胡愈之等各行各业的知名人士。为释放被无理关押的北京大学教授许德珩，为营救被捕的红军将领陈赓，中国民权保障同盟做了许多工作，得到了广大人民群众的拥护。李四光积极参与中国民权保障同盟的活动，宣传其宗旨，做了许多卓有成效的工作。

国民党反动派把中国民权保障同盟视为眼中钉。他们使用各种卑鄙手段，造谣诬蔑、恐吓威胁，对正义人士进行人身攻击，甚至策划暗杀行动。

杨铨积极参加各种活动，大力宣传民主和人权，遭到国民党反动派的极力镇压。他几次接到厚厚的恐吓信，里面都夹着黄澄澄的子弹。1933 年 6 月 18 日清晨，几个鬼鬼祟祟的特务围着杨铨的汽车连续开枪，杨铨当场身亡。

然而，枪声吓不倒正义的中国人。在上海，人们成群结队地悼念杨铨。中国民权保障同盟的主要领导者异常悲愤，他们向社会呼吁，要让更多人看到国民党反动派的真实面目。他们表示绝不会被国民党反动派的卑鄙手段吓倒！

中国民权保障同盟的活动一直被特务监视。在杨铨的追悼会上，几个贼头贼脑的特务混进了悼念的人群，他们在人群中秘密记录、跟踪着。

尽管特务当道的白色恐怖日益加剧，但阻挡不了正义者的脚步。追悼会上，鲁迅来了，何香凝来了，沈钧儒来了……

6 月 18 日，李四光正在庐山进行地质考察。他接到蔡元培的急电，立刻放下所有的工作，连夜赶往上海。他明知道有特务混迹在人群中，仍毅然冒着倾盆大雨来到殡仪馆，参加杨铨的追悼会。

参加追悼会归来，鲁迅写下了沉痛的诗句《悼杨铨》："岂有豪情似旧时，花开花落两由之。何期泪洒江南雨，又为斯民哭健儿。"

面对好友杨铨的不幸遭遇，李四光心情悲愤，难以平静。作为科学工作者，他要用自己的方式让更多人知道杨铨、记住杨铨，他要为战友留下永久的纪念。李四光决定把新发现的一种蟫命名为"杨铨蟫"，以纪念这位伟大的革命者，还要让后人永远缅怀这位为中国争取民主和自由而英勇献身的壮士！

在命名"杨铨蟫"的资料上，李四光写道："'杨铨蟫'的命名，是用以纪念研究院已故总干事杨铨先生的惨死，凡是为科学事业忠心服务的人，都不能不为这种令人沮丧的境遇而感到痛心。"

李四光与李大钊同为北京大学的教授。李大钊是中国共产党的先驱者，1927 年 4 月被反动军阀杀害。李大钊的英勇就义，让与之共事多年的李四光扼腕叹息。1933 年春天，北京大学师生为李大钊举行的公祭仪式即将举行。李四光立刻捐出一笔钱，支持这次公祭活动。他还特制了一个精致的铜墨盒，要求铜匠在铜墨盒上刻上铭文："铁肩担道义，妙手著文章。"这是李大钊生前最喜欢的格言。李四光把这句格言刻在铜墨盒上，既是对李大钊深沉的怀念，也是对自己的勉励。这个铜墨盒后来一直陪伴着李四光，他总是端端正正地把它摆在自己的办公桌上，天天都把它擦拭得干干净净。

崇高的气节

　　为了研究冰川，李四光多次来到庐山。庐山是有名的避暑胜地，民国时期曾吸引众多社会名流、达官贵人来此游览、休养。他们在这里一掷千金，建起豪华的别墅，过着养尊处优的生活。然而，他们的生活物资，建别墅的木料、水泥、钢材，全都要靠人力背上山。在庐山考察期间，李四光常常看到十几岁的孩子背着数十斤煤炭，爬 20 多里山路，他们辛苦的劳作却只能换回三四角钱。还有那些为观光客抬轿的轿夫，累得汗流浃背，一个人只能挣到八九角钱。在艰苦环境中长大的李四光最能体谅普通民众生存的艰难。他在庐山从不坐轿，他说："我是人，他们也是人。我怎么能坐着让人家抬呢？"他的话让许多来庐山观光的游客无法理解，都说李四光是个"怪人"。

　　蒋介石在庐山开办军官训练班，山上岗哨林立、戒备森严。可是，李四光对这些完全不在意，仍旧每天带着学生在山里爬上爬下进行地质考察。有一次，正当他们专心采集岩石标本时，十几个国民党士兵端着步枪，包围了李四光和他的学生们。那些士兵不知道什么是科学考察，非说他们搞破坏，还抢走了岩石标本，搜去了他们的图纸，最后把他们押到军营看管起来。

李四光和学生们要抗议，一个少将军官却蛮横地说："我怀疑你们是日本间谍。"

学生们据理力争："这是我们的教授李四光，是研究院地质研究所所长。我们进行地质考察，凭什么拘留我们？"

直到后半夜，李四光和学生们才被释放，可那些无知、蛮横的国民党官兵却没有向他们表示任何歉意。大家义愤填膺，国难当头之际，当兵的不上战场打日本侵略者，却在这里镇压科学活动，真是岂有此理！

1937年初，在李四光的倡议下，鄱阳湖畔的白石陈列馆即将动工开建，建成之后它将是中国第一个第四纪冰川遗迹的陈列馆。但是，意外发生了。几艘国民党军舰为躲避日本军舰的追击，开进了鄱阳湖。鄱阳湖畔原计划建白石陈列馆的区域成了国民政府"国防工程"用地，国民政府命令白石陈列馆即刻搬迁。在地质研究所工作人员交涉无果的情况下，白石陈列馆只能停建，但国民政府口口声声说的"国防工程"却始终不见踪影。国民政府的野蛮行径激起了李四光等爱国科学家的抗议。

1937年7月7日，日本侵略者发动卢沟桥事变。中国人民要求一致抗战的呼声高涨。早前，蒋介石、汪精卫邀请全国知名学者和各界领袖来到庐山，就经济、政治、教育等问题召开会议，李四光也在受邀之列。会议定于 7 月 15 日至 18 日举行，可 7 月 7 日爆发了卢沟桥事变。李四光心急如焚，他迫切地想知道国民政府对抗战的态度，于是他特地拜访了当时在国民政府里位高权重的汪精卫。

汪精卫在同盟会、国民政府都曾担任重要职位。1937 年，汪精卫还在担任国民党副总裁、国民参政会议长等职。他标榜自己是孙中山最忠实的"信徒"。李四光见到汪精卫，恳切地表达了自己对抗战的看法，他表示绝不能让华北沦于敌手，要保卫华北，保卫全中国，必须坚决抵抗日本帝国主义的侵略。

不料，汪精卫却讲了一通歪理，说中国根本没有胜利的可能，只能要求一些"补偿"而已。李四光和汪精卫争辩起来，汪精卫轻蔑地说："你是个书呆子，懂什么？"

李四光怒火中烧，气愤至极，他反驳道："看谁说得对！"说完转身离开了。李四光看明白了，汪精卫就是个投降派，不值得信任！从那以后，他对国民政府彻底失望了，也没有出席几天后的会议。

两年后，汪精卫公开投靠日本侵略者，成为大汉奸。

颠沛流离

1937 年 8 月 13 日，日本侵略者大举进攻上海，上海、南京都遭到日本军机的狂轰滥炸。

位于南京鸡鸣寺的地质研究所的办公楼被征用。李四光领着地质研究所的工作人员紧急行动起来，他们连续干了三天三夜，把书籍、仪器设备和地质标本装箱运往庐山，希望把地质研究所在庐山重新建立起来。

12 月，南京沦陷，日本侵略者向安徽、湖北、江西等省份发动进攻，庐山危在旦夕。地质研究所迁到哪里去？难道要迁到"陪都"重庆吗？李四光不愿意跟那些贪官污吏为伍，他跟老朋友商量，想把地质研究所迁到偏远的桂林，远离国民政府的干扰。

就这样，地质研究所开始了艰难的搬迁之旅。庐山距离桂林路途遥远，中间隔着一道道山，一条条河。他们没有汽车，只雇到了两条木帆船。可是，区区两条木帆船怎么承载得了数量庞大的图书和仪器设备？况且船上还要载人。他们思来想去，只好把一部分仪器设备存放在庐山。

在萧瑟的寒风中，木帆船溯江而上。一路上，他们经过李四光的家乡黄冈，再经武汉、岳阳，进入湘江，而后向南行进。不料，季节原因导致湘江水浅，木帆船难以行进，船工们只好跳到冰凉的江水里，拉着沉重的纤绳往前走。

已年近半百的李四光也脱掉鞋袜，跳下水去，背起了纤绳。许淑彬想拉住李四光，因为他的身体已大不如前，怎么经得起这样的重苦力劳作？大家看到李四光下水拉纤，纷纷跳下水去劝他快上船，他们说："我们年轻，有力气，老师您上去吧！"

李四光诚恳地告诉他们："让我坐在船上旁观，我会良心不安的，比拉纤还要累。咱们一起来吧！"

头发已花白的李四光与地质研究所的工作人员，以及船工们一起喊着号子，齐心协力地拉着沉重的木帆船溯江而上，终于渡过了湘江。

他们足足走了3个月才来到山清水秀的桂林。但是，日本侵略者的魔爪也伸向了这里。日本军机对桂林开始了猛烈轰炸，桂林到处都是硝烟和战火。地质研究所的两层楼被炸塌了一半，他们只好把地质研究所搬迁到桂林乐群路附近的一处院落内。不过，这个院子虽宽敞，房子却很少，而且院子里杂草丛生。李四光带领大家动手盖起了两排简易的房屋，这下他们才算有了安身之处。安顿好以后，大家在院子门口挂了一个大灯笼，

上面写着"抗战到底"四个大字。在这里的两年时间，李四光带领大家坚持地质研究，支持抗战。虽然不再颠沛流离，但生活仍十分艰苦，时局混乱导致地质研究所经费短缺，大家的日常生活都难以为继。

不过，李四光并不在意生活上的困难。在他心中，科研工作才是最重要的。有一次，他去拜访广西省政府主席黄旭初，跟他讨论在广西开展地质调查的相关事宜。黄旭初听得很认真，他很赞同李四光的想法。但让黄旭初不解的是，在他们谈话的时候，李四光的右手一直放在膝盖上。是膝盖痛吗？黄旭初的疑惑让李四光尴尬地笑了笑，原来他的裤子上破了一个大口子，还没有来得及缝补。作为国内外的知名学者，生活竟如此窘迫，这让黄旭初感慨不已："大教授竟然穿这种破裤子，真是令人难以置信！"

为解决地质研究所的实际困难，黄旭初热心张罗，给地质研究所增拨了经费。李四光把经费分成两部分，一部分用作科研经费，另一部分用作工作人员的生活费，他自己没有留下一分钱。

李四光组织地质研究所的工作人员，在广西、湖南、湖北等省份进行地质考察。他说，现在是抗战时期，要特别注意矿产资源的勘探和保护，这是地质工作的当务之急，尤其是注意寻找含煤地层。山西、河南、河北等北方地区的煤矿被日本侵略者占领，导致许多工厂无法开工，老百姓用煤更加困难，因此他鼓励大家在南方地区勘探煤田，粉碎日本侵略者控制中国的野心。

大家翻山越岭，在湖北的西部山区发现了含煤地层，在广西柳城、罗城也有了新的发现，解决了当地的煤炭需求。他们用自己的学识帮助国家建设，支援了抗战前线，在艰难岁月中就像一道希望之光划破了黑暗的天际。

在李四光的带领下，地质研究所在桂林不仅建起了科学实验馆，还建起了一个工厂，用来生产科学仪器、教学仪器。抗战时期，这个工厂还研制出了抗战前线急需的小型无线电台，有力地支援了抗日战争。

李四光曾积极参与革命斗争，后来又成为地质学界的知名学者，具有极高的社会影响力。当时，国民党反动派为了让李四光这样的科学家为政府效力，对他们既拉拢又控制，可谓软硬兼施。然而，李四光对专制、腐败的国民政府十分厌恶，与政客保持着距离。

李四光的不合作态度让国民党反动派极为恼怒。他们暗中搞破坏，阻挠李四光的科学研究，还派特务伪装成采矿工程师接近李四光，妄图达成不为人知的阴险目的。不过，特务在李四光面前很快就露出了马脚。

这个"采矿工程师"声称，石家庄附近的重要煤田能产出优质的"大同煤"。他的这番说辞完全是信口开河。大同煤产自山西省北部的大同，石家庄在河北省的中部，两个城市相距有千里之遥，可见特务连最基本的地理常识都不懂。李四光识破了特务的阴谋，立刻向黄旭初报告。

特务被抓之后，老老实实地交代自己是国民党特务，任务就是潜伏在李四光身边，对他秘密监视。通过这件事，李四光对国民党反动派的险恶用心有了更清醒的认识，他要彻底与之划清界限。

不久，李四光到重庆出席国民政府研究院召开的会议，蒋介石提出要设宴招待研究院的学者。听闻此消息，李四光就以身体有恙为借口躲开了。宴会上，蒋介石看到李四光的椅子上只有名牌，人却没有来，很不高兴。他冷冷地责问道："李四光怎么没有来？"

坐在一旁的翁文灏等人都深知李四光刚正不阿的性格。为了不激怒蒋介石，他们连连解释道："李先生病了，得了重感冒，实在不能参加宴席。"李四光这才躲过了一场祸事。

不过，李四光的态度让蒋介石对他心存芥蒂。有一次，广西大学的进步学生举行民主游行，国民党反动派抓捕了其中的100多名学生。李四光不顾个人安危，想方设法营救被捕学生，结果上了蒋介石的通缉名单。

在学生和朋友们的帮助下，李四光和妻子许淑彬连夜逃离。他们来到桂林南面的一个村子里躲了起来。这个村子依山傍水，景色秀美，偏僻幽静。李四光一家住在一间茅屋里。在这里他仍专心致志地搞科研，在昏暗的小油灯下写出了一些重要的科学著作。

许淑彬买了一个小石磨，每天摇着小石磨磨豆浆。她还养了几只鸡，开辟了一小片菜地，这样就解决了他们一家的温饱问题。村子里的人跟李四光逐渐熟络起来，他们都很尊重李四光，孩子们更喜欢以"李爷爷"来称呼他，晚上还缠着李四光和许淑彬给他们讲故事，直到夜深了还不愿意回家。几个月之后，当李四光和许淑彬要离开的时候，村子里的人都依依不舍。

在国民政府的反动统治下，当时的中国满目疮痍、民不聊生。政府官员贪污腐败，只顾自己享乐，完全不顾及普通民众的生活，许多知识分子遭到迫害。

李四光有个学生名叫朱森。这个人才华横溢、学识渊博、为人正直，李四光非常器重他。朱森后来成为重庆中央大学和重庆大学的教授，在学术上做出了很多贡献。但是，政府官员不重视教育和科研，对知识分子百般挑剔、刁难。当时，政府规定，每位大学教授每个月只能买 5 斗平价大米。在朱森生病住院期间，他的家人不懂这些规定，在他任教的两所大学都买了平价大米，结果招致政府官员的诬蔑和谩骂。国民政府教育机构竟公开宣称朱森贪污，并责令他停职。朱森有口难辩，他既委屈又气愤，导致病情恶化，不幸去世。

许多有正义感的知识分子都为朱森鸣不平。只为了区区两份大米，让一位有作为的大学教授含冤死去，而那些真正贪污腐化、发国难财的政府官员还过着纸醉金迷的生活。

朱森的不幸遭遇让李四光极为痛心。他对新闻记者发表自己的意见，为知识分子的不公正待遇奔走呼告。李四光在《地质论评》上发表文章怀念朱森，并赋诗一首：

> 崎岖五岭路，嗟君从我游。
> 峰峦隐复见，环绕湘水头。
> 风云忽变色，瘴疠蒙金瓯。
> 山兮复何在，石迹耿千秋。

朱森教授被迫害致死的消息在国内引起了强烈反响。中国共产党的《新华日报》发表了《论朱森教授之死》的社论，抨击国民党反动派的反动行径。

1944 年 6 月，日本侵略者大举进攻广西、贵州两省，国民党军队接连败退，社会秩序极为混乱。李四光决定紧急搬迁地质研究所。时局混乱，他们好不容易才找到一辆卡车。他们从桂林一直逃到贵阳，全程大约 700 公里，走了 20 多天。不料，他们刚到贵阳，日本侵略者就打到了贵州东南的重镇独山。独山离贵阳不足 200 公里，为了躲避战争，李四光决定带领大家前往重庆。

国民党军队在战场上狼狈败退，却不忘欺压百姓。路上，一群国民党军队的败兵包围了地质研究所的卡车，让车上的人全都下来。大家要反抗，这些败兵立刻气势汹汹地拉响了枪栓。

大家解释说，这是地质研究所的车，奉命前往重庆。可是，那些败兵根本不听，嘴里还叫骂着："老子要开枪了！"他们的嚣张气焰让车上的人都敢怒不敢言。

李四光实在忍不住了，他大步从车上下来，横眉怒目地呵斥这群败兵："你们要干什么？你们简直是一群强盗，快让开！"李四光正义凛然的气势震慑了对方，那群败兵吓得呆立在原地，最后无可奈何地散去了。

来到重庆后，李四光胸部剧烈疼痛。他到医院检查，才知道自己患上了严重的心脏病。生活的艰难也让许淑彬得了高血压，卧床不起，李四光只好拖着病体，每天照顾她。不过，即使家务繁忙，李四光也从没有放下过科研工作。在颠沛流离的战乱中，这位坚强的学者始终兢兢业业地工作，创造了地质学上一个个里程碑式的成就。

第五章 | 创立地质力学
奇怪的小石头

　　李四光是一名地质学家，各种地质现象都是他关注和考察的对象。他对研究各种石头尤其感兴趣。

　　在山地环境中，石头是常见的资源。在一般人眼中，石头是没有生命的，既不会动也不会说话，是极普通的东西。然而，作为地质学家的李四光却知道，石头都是有故事的。站在地质研究的角度，每一块石头的模样都不一样，成分也不一样。可以说，每一块石头都有不同的身世、不同的来历。

　　1941 年春天，李四光和学生们在桂林西南的山区进行地质考察。他们在这里同样发现了冰川遗迹，这更吸引了李四光和学生们的研究热情。他们希望通过考察这里的地质构造和地形特点，发现更多第四纪冰川的证据。

　　在考察过程中，一个学生发现了一块外形独特的小石头。李四光立刻被这块小石头吸引了。这块小石头大概有十几厘米长，两三厘米宽，厚度不足两厘米，颜色呈灰黑色，拿在手里沉甸甸的。最关键的是，这块小石头的形状非常与众不同，它几乎弯了 90 度，就像英语字母"L"。

　　李四光研究地质将近 30 年，见过的石头成千上万，但像

这样弯曲的石头却从来没有见过，也没有听说过，在国内外的地质学资料里也没有记录。

他拿着这块小石头翻来覆去地仔细看，发现这是细粒石英砂岩砾石，这种砾石的特点是又硬又脆，遇到外力很容易碎裂。但是，这块石头为什么是弯曲的，而且几乎弯成直角？是风化作用磨蚀了石头的外形吗？凭借多年的工作经验，李四光认为一定另有原因。那么，究竟是什么原因？学生们也都很感兴趣，他们跟李四光一起看着小石头思索着。

回到家，李四光还在思考这个问题。他把这块小石头拿到实验室做了各种检验、分析。经过反复研究，他终于找到了答案。从那以后，他就把这块小石头当宝贝似的放在衣服口袋里。后来，他还专门钉了一个精致的小木盒，在里面垫上棉花，把小石头包裹起来。

不久，广西大学要举行毕业典礼，邀请李四光在毕业典礼上做学术报告。毕业典礼那天，李四光走上学校礼堂的讲台，从小木盒里拿出这块小石头，郑重地向大家宣布他最新的科研成果："今天，我要给大家讲一讲这块奇特的砾石。"

李四光从这块砾石的外形讲起。他说，这块砾石发生弯曲是外力作用所致。而且，在显微镜下观察，砾石内部同样有变形的痕迹，这说明砾石受到的不是普通的风化作用。

它为什么会弯曲呢？李四光的解答让所有人都深感意外。他说，是冰川把砾石压弯的。礼堂里的教师、学生都屏住了呼吸，瞪大了眼睛，现场一片肃静。他们都知道冰川运动能够搬运石头或把石头压碎。但是，冰川把一块又硬又脆的石头压弯，石头却没有碎裂，这可能吗？

李四光不慌不忙地继续向大家解释。他说，根据观察，砾石弯曲部分的表面被磨平、磨光了，上面还有轻微的条状擦痕，这表明砾石的变形是由于砾石的一半被紧固，比如被塞在基岩

裂缝中或有许多岩石碎块儿的冰川中，而另一半受到冰流的前推作用形成的。

李四光指出，把砾石压弯的是一个小型冰川，最大厚度73.15～91.44米。在漫长的岁月中，由于冰川缓慢的作用力，这块砾石逐渐发生变形、弯曲，却没有碎裂，最终弯了大约90度。

因为这块砾石像一个小小的精致的马鞍，李四光给它起名"马鞍石"。他高兴地举起这块砾石对大家说："我搞了这么多年地质研究，还没有见过这么有意思的石头。它包含了很有研究价值的知识，比宝石要珍贵得多。"礼堂里响起一片掌声，一块小小的砾石竟有这样奇特的经历，包含这么丰富的科学内容，真是太有趣了！这块砾石成了世界地质学界的新发现，李四光也成了第一个对这块砾石进行科学分析的地质学家。礼堂里，大家的掌声经久不息，他们为这块神奇的砾石鼓掌，更为李四光鼓掌。

会场上，一个学生举手发言。他激动地问道："李教授，我们能看一看这块砾石吗？"

李四光笑着说："当然可以！今天就让大家见证大自然的奇迹！"

礼堂里轰动了，大家争先恐后地要看这块砾石。坐在第一排的教师刚接过装有砾石的小木盒看了几眼，后排就催着要看。师生们围在一起，欣赏着、感叹着。许多学生争着向李四光提问题，这个毕业典礼也因为李四光的学术报告显得意义非凡。

就在学术报告快要结束的时候，李四光想起他心爱的砾石还在被传阅，就对台下的师生说："现在请把砾石还给我吧！"

不料，礼堂里的教师和学生你看看我，我看看你，没有一个人答话。这时候大家才发现，小木盒在一张空椅子上放着，那块砾石却不见了踪影。大家猜测，有人把这块砾石当成了无价之宝，偷偷地藏起来了。李四光连忙向大家说明："就科学价值而言，这块砾石的确是无价之宝，但它不是宝石，也不是黄金，放在市场上是不值钱的。"最后他恳切地说，"请一定交还给我！"

礼堂里一片肃静，没有一个人说话。

开学典礼结束后，仍然没有人把砾石交还给李四光。广西大学的校长很不好意思，连连向李四光道歉。为此，校园里张贴了告示：交还砾石者，学校将给予奖励。

晚上，李四光吃不下饭。他既后悔又难过，这是多么难得的岩石标本，难道就这么丢了吗？

几天过去了，这块砾石还是杳然无踪。李四光找到校长，对他说："看来，是哪位热衷于科学研究的教师或学生把砾石拿走了。现在他可能不好意思还回来，那么就请他把砾石放在某个地方，悄悄还回来吧！"

校长点点头，觉得这是找到砾石的最好办法。于是，校园里张贴了告示，要求知道砾石下落者，把砾石放到校园某处的树洞里，并留下地址以便领取奖励。几天后，校园某处的树洞里果然出现了一个小包裹，外面用旧报纸层层包着，里面正是那块珍贵的砾石！不过，没有留下任何地址信息。

李四光珍爱的砾石终于回来了。从此，他把这块砾石珍藏在自己身边，再也不轻易拿出来示人了。

李四光写了一篇文章，题为《一个弯曲的砾石》。这篇文章在英国著名学术期刊《自然》上发表后，引起了全世界地质学界的兴趣。1969 年，一位日本地质学家按照李四光的理论，在欧洲的阿尔卑斯山也找到了同样的石头。

李四光的爱好是收藏岩石标本，他的家里到处是各种各样的石头，像一个丰富的地质展览馆。这些都是大自然的瑰宝，也是李四光探索和研究的心血。他去世后，他的故居被改造成李四光纪念馆，这里有李四光收集到的各种宝贵的岩石标本。这些岩石标本有的采自大兴安岭，有的采自内蒙古的白云鄂博，有的采自四川西部的深山……形状也是千奇百怪，有的像灯盏，有的像躺椅，有的像被扭曲的麻花……藏品中就有这块小小的"马鞍石"。

什么是地质力学

　　1945 年 1 月 11 日，国民政府研究院、重庆大学、北京大学同学会，在重庆联合召开蔡元培先生诞辰纪念会。会上，李四光做了主题为"从地质力学观点上看中国山脉之形成"的学术报告，第一次鲜明地提出了地质力学的理论。

　　李四光提到，世界上大小山脉有很多，中国境内大小山脉也有很多，但这些山脉是怎么形成的呢？这个问题看似是地质学问题，但仅依靠地质学还不能找到问题的答案，必须依靠其他学科才能弄明白，于是他用地质力学来研究山脉的形成过程。

　　李四光回顾历史，他提到宋代思想家朱熹的一句话"山如波纹状，但不知何以凝结"。李四光认为这句话说得很正确。他还说"稳如泰山磐石"的说法只能作为比喻，在科学范畴内则是行不通的，因为泰山天天都在变化，从很长的历史时期来看，山脉、丘陵都在不断变化。为什么变？怎么变？这就要进行科学研究，寻求科学结论。

　　几个月后，李四光又在重庆连续做了几场报告，系统地讲解了地质力学的基本观点。他的报告引起学界的强烈关注，会场座无虚席。这是李四光第一次系统地阐述地质力学的理论，也是他多年研究的总结和升华。后来，在 20 世纪五六十年代，李四光继续对地质力学进行深入的探索和研究，发表了多部重要著作。

那么，什么是地质力学呢？这里我们对地质力学做一个简单的介绍。

传统的地质学认为，山脉、高原高高隆起，盆地向下陷落，海洋侵蚀陆地……许多地质构造变化都是地层的垂直运动造成的。传统的地质学解释了许多地质现象，但对一些地质现象却无法回答。

通过翻阅大量资料和深入研究，李四光发现，地质构造变化不仅与垂直运动的作用力有关，还与水平运动的作用力有关。水平运动的作用力是地球自转造成的，水平运动也能引发地质构造变化。这是李四光地质力学的新见解，比传统的地质学有了进步和发展。

李四光在《地质力学之基础与方法》一书中写道："地质力学之意义，在从地表岩体所经过各种变形或破坏之方式，根据力学原则，探求各地域地壳内发生运动之原因。"

李四光认为，地球自转的加速和减慢产生的力学作用，使得地质构造发生运动、变化，形成了不同形态的山脉和地形，致使山脉有的像"多"字，有的像"山"字，有的像扫帚……
李四光对地质构造的研究和分类，得到了国际地质学界的高度
评价，他创立的"山字形"构造、"多字形"构造等专业术语，
被人们普遍采用。

地质力学是李四光对地质学的重大贡献，是人类认识自然
界的又一个重要进展，对煤田地质学、油田地质学等学科有指
导意义，对研究地震的成因、分布、预测也有重要价值。

艰难的路途

　　李四光对国民政府的反动统治深恶痛绝。他严肃地思考着中国的未来和前途，迫切地想看到中国社会的崭新面貌。

　　多年的战乱让李四光看到了中国共产党在民主道路上的不可替代性。中国共产党主张团结、民主，坚持抗战，尊重知识分子和正义人士，这让他看到了中国的希望，于是他开始接触中国共产党。李四光认识到，科学知识要为广大人民群众谋福利，科学工作者要和广大人民群众在一起，他期待着独立、民主、自由的新中国的诞生。

　　1945年8月15日，日本帝国主义投降的消息传来，李四光彻夜难眠。他希望中国尽快走上真正的民主之路，他已经迫不及待地要与广大科学工作者、广大人民群众一起建设国家了。

　　可是，国民党坚持独裁、专制，在抗日战争胜利后挑起了内战。在重庆、昆明、南京，他们制造多次血腥惨案，暗杀了著名学者李公朴、闻一多等人；在重庆校场口、南京下关，他们野蛮殴打民主人士。李四光极为愤慨，他的希望破灭了，他预感到中国的民主之路阻碍重重。

　　此时，国民政府想拉拢李四光，请他担任驻英国大使，李四光态度鲜明地拒绝了。李四光乘轮船离开重庆，轮船沿着奔流不息的长江，经过武汉、南京，到达上海。多年的战乱和辛苦的科研工作让李四光疾病缠身。他不仅有心脏病，还患上了肺结核，必须调养身体。可是，在压抑的政治环境下，李四光怎能安心静养？他想冲破国民党反动派的牢笼，去寻找光明的未来。

1948 年 8 月，国际地质学会在英国伦敦召开会议，李四光受邀参加，这让李四光找到了避开动乱时局的机会。李四光决定到英国去，在那里他既可以跟更多的同行进行科学交流，也可以调养身体。

李四光在国际地质学会的会议上宣读了题为《新华夏海的起源》的论文。这篇论文研究了渤海、黄海、东海及日本海的起源，还介绍了这些海区的地质构造、运动、变化，引起国际地质学界的重视。会议结束之后，李四光在英国的海滨城市养病。他每天都关注着国内的时局变化，思念着祖国。这时候，人民解放军开始了大反攻，蒋家王朝的统治岌岌可危。

不久，沈阳解放了。看到报纸上的消息，李四光欣喜若狂。他激动地对家人说："新中国快要成立了，我们要尽快回国，参加新中国的建设！我们要做好回去的准备！"

　　1949年初，地质研究所的同事写信给李四光，告诉他国民政府命令各研究所撤到广州，但地质研究所决定留守南京，他们希望得到李四光的答复。李四光立刻回信。他对同事们的坚定立场深为钦佩，完全赞成大家的决定。李四光又发去电报，主动提出拿自己的钱帮助大家维持生活。

　　南京解放后不久，驻扎在南京的中国人民解放军司令员来到地质研究所，关切地询问李四光的消息。他对地质研究所的工作人员说，当前的任务是建设新中国，因此他恳切地要求大家要团结一致，努力协作。

当时，郭沫若在布拉格参加世界维护和平大会。会议期间，他写信向在英国的李四光发出邀请，希望他早日回国。

李四光早就迫不及待地要回到祖国。可是，最早的船票也要半年以后才能启航，他只能焦急地盼望着启程的那一刻。

1949年9月21日，中国人民政治协商会议第一届全体会议在北京开幕。李四光虽远在英国，但仍被推举为会议代表，并被提名为政协委员。中国人民政治协商会议第一届全体会议通过了《共同纲领》，选定北京作为中华人民共和国的首都，国旗为五星红旗，《义勇军进行曲》为代国歌。

1949年10月19日，中国科学院成立了，郭沫若被任命为院长，李四光、陶孟和、竺可桢为副院长。李四光在英国每天都守着收音机，全神贯注地听着一个个振奋人心的消息，他恨不得立刻飞回祖国，参加新中国的建设。

一天深夜，老朋友陈源突然打来长途电话。在电话中他告诉李四光，国民党驻英国大使郑天锡接到密令，要求李四光发表声明，否认接受共产党全国政协委员的职务，不然就强行扣押李四光。老朋友忧心忡忡地劝李四光赶快离开英国。

李四光早就看透了国民党反动派的无耻行径，他当机立断，立刻离开英国！但是，去哪里呢？李四光决定先横渡海峡到法国。深夜，许淑彬和女儿送他上了火车。在一个偏僻的小港口，李四光乘坐渡轮前往法国。

天刚亮，国民党驻英国大使郑天锡就来到了李四光家。他看起来十分客气，说是前来问候李四光先生的。许淑彬机智地回应郑天锡："真是不巧，他为了一篇论文一大早就出门做地质考察去了。"

见此情形，郑天锡拿出5000美元和一封信，要许淑彬收下。这些东西既是利诱，也是威胁，目的就是让李四光发表声明，拒绝共产党全国政协委员的职务。许淑彬执意不收这些钱和这封信，于是跟郑天锡巧妙地周旋："他一回家就去见你们。现在他不在家，我不能收这些东西。"

过了几天，李四光的女儿收到一封信，信的字迹非常陌生。信中写着："老朋友正在瑞士旅游，这里的水光山色风景极美。"许淑彬和女儿都知道，这封信是李四光用左手写的，是在通知她们前去瑞士相聚。

郑天锡等着李四光回来，却意外地接到一封李四光写来的信，信中说："我绝不发表你们要我发表的声明，绝不拒绝担任共产党的全国政协委员。我已经启程返回祖国。"李四光义正词严地劝告郑天锡要认清形势，不要再为蒋介石效劳，不要继续为国民党反动派做坏事了。此后，国民党特务到处搜寻李四光，他们计划了绑架、暗杀，但根本找不到李四光的任何行踪。

许淑彬和女儿赶到瑞士，可李四光一大早就出门做地质考察去了。许淑彬感叹着，不论走到哪里，他总是忘不了工作。后来，李四光和家人从瑞士来到意大利，一路上兴致勃勃地参观了曾被火山埋没的庞贝古城。他们的生活非常窘迫，只能住在最便宜的小旅馆里，顿顿以面包充饥。他们处处省吃俭用，却花钱买了一台研究原子能的伽马仪。李四光要把这台仪器带回祖国，因为他深知这是研究原子能的重要仪器，是祖国急需的物资。

1949 年 12 月，李四光和家人从意大利乘轮船，启程回国。

第六章 | 为了新中国
祖国的重托

李四光回国的旅程并不是一帆风顺的，当时国民党反动派仍在到处搜查李四光的行踪。为了安全，李四光只好先抵达香港，再辗转来到广州。

到达广州后，李四光看到了一个全新的世界。人民解放军都穿着朴素的军装，年轻的脸庞透出勃勃生机。人民解放军纪律严明，对待老百姓亲切热情，这与横行霸道、为非作歹的国民党军队完全不同。

1950 年 4 月，李四光到达南京，回到地质研究所。不久，他接到东北工业部由北京转来的一封电报。原来，东北工业部请求地质研究所派工作人员调查东北地区的矿产资源。这个消息让李四光感到莫大的欣慰。新中国要开展工业建设，重视地质考察，这些新气象激励着李四光。他决定组成地质矿产调查队，奔赴东北地区。地质矿产调查队由喻德渊带队。他们临行前，李四光嘱咐大家不仅要找到矿产资源，还要摸清东北地区的地质构造，把重要的矿产资源写成报告提交上来。

5 月 6 日，李四光和许淑彬在地质研究所工作人员的陪同下来到北京。中央人民政府副主席李济深，中国科学院院长郭沫若，副院长陶孟和、竺可桢，还有李四光的老朋友丁西林等到火车站迎接他们。大家相见，分外亲切。

李四光和许淑彬安顿好住处，与各位领导和同事畅谈了回国后的打算。李四光诚恳地表达了自己的想法：他想在南京工作，这样能集中精力把地质研究所的工作做好，为新中国的地质事业做一些实实在在的工作。

不过，李四光的想法没有得到在座领导的同意。他们告诉李四光，新中国的建设刚刚开始，不论是工业建设还是国防建设，都与地质工作密切相关，因此地质工作要先行。新中国刚成立不久，需要李四光这样业务精湛的地质学家统领全国的地质工作。领导的这番话让李四光感动极了，他本想辞去中国科学院副院长的职务，现在没有勇气说出口了。

发展工业和国防，地质工作要先行。然而，在新中国成立之前，全国的地质工作者只有200多人，跟中国辽阔的领土面积相比实在太少了。李四光感到责任重大，他要立即着手把地质工作者组织起来，还要壮大地质工作者的队伍。

两天后，董必武来探望李四光。他们是同乡，而且都是同盟会的老会员，还是辛亥革命的老战友。两个人从年轻岁月谈起，谈到几十年的经历，谈到祖国的建设大业。李四光已经

60 多岁了，在新中国建设的号召下，他仿佛重新焕发了青春，全心全意地投入到新中国的建设中。

　　李四光是一位科学家，也是热心的社会活动家和保卫世界和平的杰出战士。他被推选为中华全国自然科学专门学会联合主席，努力做好团结科学工作者的工作。

　　当时，美国政府无理由关押中国科学家钱学森，不许他返回中国。为了帮助钱学森早日回到祖国的怀抱，李四光直接给当时的美国总统发电报，对钱学森被关押一事表示严正抗议，要求立刻释放钱学森，并要求美国政府保证今后不得再有类似行为。同时，他发电报给联合国大会主席、世界科学工作者协

会书记，控诉美国践踏人权的行径。

1951 年，李四光等中国科学家联合各国知名科学家组成"调查在朝鲜和中国的细菌战事实国际科学委员会"，揭露美国发动细菌战的罪行，并郑重宣告，中国科学工作者绝不能容忍、饶恕这种罪恶行径！

1952 年 3 月，李四光和郭沫若、彭真、陈叔通、马寅初等人，邀请亚洲及太平洋区域国家爱好和平与正义的人士，共同发起、召开亚洲及太平洋区域和平会议。来自亚洲、大洋洲、美洲的数十位代表聚集在北京，会议通过了《告世界人民书》《致联合国书》等文件，号召反对战争，保卫和平。

地质工作者队伍

新中国成立以前，全国的地质工作者只有 200 多人，而且没有全国统一的地质研究机构。因此，在中国辽阔的国土上从来没有进行过地质普查。新中国成立以后，急需专业的科考队伍对中国的地质状况，矿产资源的分布、储藏等情况进行摸底调查。

李四光决定广泛地听取大家的意见。他向大学、研究所、地质工作者发出数百封信件，请大家对发展新中国的地质科研工作畅所欲言。然后，李四光将这些意见总结、归纳，提出成立行政机构、研究机构、教育机构的意见。

1950 年 11 月，全国各地的地质工作者汇聚北京，这是一次大会师，也是一次大动员。74 岁的章鸿钊先生来了，李四光亲自到火车站迎接这位白发苍苍的老人。他是中国地质事业的创始人，曾经历过清朝末年和整个民国时期，是中国地质事业的功臣元老。如今，章鸿钊先生决心为新中国的地质工作出一把力。他说，新中国将开启地质界的新纪元。

　　李四光和各位代表一起讨论、研究，明确了当前最迫切的
任务。首先，要解决煤炭、铁、石油和有色金属的矿产资源问
题。因此，除了要建立地质研究机构，还要大力发展地质教育
事业，开创地质工作的新局面。李四光充满激情地号召大家团
结起来，会场响起热烈的掌声。在李四光的组织下，新中国的
地质工作蓬勃开展起来了。

　　北京地质学院成立了，长春地质学院成立了，成都地质学
院成立了，此外还组建了 9 所地质专业学校，同时加强了南京
大学、重庆大学等多所大学地质系的师资力量。李四光亲自负

责北京地质学院的筹备工作，包括设置课程、聘请专家等。开学以后，他带领新成立的北京地质学院年轻的学生们进行实地考察，耐心地讲解地质构造知识。

随着新中国建设的步伐，地质工作者的任务越来越重。1952 年 8 月 10 日，中央人民政府委员会第十七次会议决定成立地质部，李四光被任命为部长，何长工担任副部长、党组书记。何长工很尊重李四光，他们一起工作，合作得非常默契。地质部还开办了干部学习班。在干部学习班上，李四光从地球的构造讲起，深入浅出地讲解岩石、矿床、古生物等多种地质学知识。许多干部学员曾久经沙场，立下战功，如今他们要努力掌握科学知识，要拿起地质图寻找矿产资源，也是不小的挑战。

李四光非常注意保护科学工作者的积极性。他向党和国家领导人郑重提出意见，改善高级知识分子的政治待遇、生活条件和工作条件。他深有体会地提出，许多知识分子开会多、事务杂，没有时间搞科研，这对国家建设是极为不利的。他建议给科学工作者配备行政助手，让他们集中精力搞科研。他的建议得到科学工作者的一致赞誉，说他办了一件利国利民的好事。

1956 年，为了完成《1956—1967 年科学技术发展远景规划纲要（修正草案）》，全国各行业的 600 多位专家、学者编写了远景规划纲要的初稿，李四光担任规划委员会的副主任。
这个重要的工作凝结了李四光的心血，他对远景规划纲要初稿
的很多篇章反复推敲、修改，甚至执笔重写，终于完成了《1956—
1967 年科学技术发展远景规划纲要（修正草案）》的编写工作。
远景规划纲要提出了十几项重点科研课题，其中第 5 项就是李
四光特别强调的"石油及其他特别缺乏的资源的勘探，矿物原
料基地的探寻和确定"。此后，地质工作者展开了自然条件和
自然资源的研究，尤其是加强对西藏、新疆、青海、内蒙古等
地区的地质、矿产、冰川研究，并在全国范围进行矿产分布规
律和矿产储量的调查。

　　新中国迎来了科学的春天、地质事业的春天。1957 年，
新中国第一个五年计划完成了，全国的地质工作者已经发展到
20 万人！这是一支浩浩荡荡的地质科研大军，在第一个五年
计划期间，他们勘探了 70 多种矿产，为新中国的经济建设做
出了不可磨灭的贡献。

　　后来，李四光和其他领域的科学工作者一起确定了海洋科
学的发展目标，强调发展海洋科学，利用海洋资源。20 世纪
60 年代，为在渤海湾进行地质考察，地质部建造了中国第一
代海洋地质调查船。李四光为调查船分别命名为星火一号、星

火二号，寓意着它们像星星之火拉开了新中国海洋地质考察的序幕。

年轻的地质工作者成长起来了，他们心中满怀激荡的豪情，在高山、深谷中跋涉，《勘探队之歌》（后改名为《勘探队员之歌》）是他们倾诉的心声：

是那山谷的风，吹动了我们的红旗，

是那狂暴的雨，洗刷了我们的帐篷。

我们有火焰般的热情，战胜了一切疲劳和寒冷。

背起了我们的行装，攀上了层层的山峰，

我们满怀无限的希望，为祖国寻找出富饶的矿藏。

……

……

加入中国共产党

　　李四光是最早的同盟会会员之一，早年参加过武昌起义，后来成为国际著名的地质学家，但在李四光心中一直有个遗憾，那就是没有加入中国共产党。

　　他经历了清朝末年、民国时期，见证了新中国的成立。在这段漫长的岁月中，他的思想发生了很大转变，深受马列主义的影响。因此，加入中国共产党是李四光长久以来掩藏在心中的愿望。他曾对妻子许淑彬说，有了共产党，中国就有了希望！

　　他曾经在英国海滨城市休养期间阅读恩格斯的《自然辩证法》，新中国成立后又深入阅读了毛泽东的《实践论》《矛盾论》等著作。李四光认识到，科学研究要有正确的哲学思想来指导。有一次，女儿来看望他，李四光跟女儿诉说了自己想加入中国共产党的心愿。他的想法得到了女儿的大力支持，女儿也希望父亲成为共产党员。

　　1958 年 10 月，李四光开始填写入党申请书。在入党申请书中他这样写道："几年来，我看见不少的老朋友和许多青年同志，都努力改造自己，力求进步，终于能够像婴儿投入母亲的怀抱那样，投入了党的怀抱。""如果我也能够最后光荣地参加党的大家庭，我相信一定有更多的机会得到同志们更多的帮助。我自己决心以'活到老，学到老'的精神来改造自己，使我这个个体能够更好地在党的领导下，为祖国的社会主义、共产主义建设服务，为中国人民服务，成为一个国际无产阶级先锋队战斗员。"

地质部党组书记何长工、中国科学院党组书记张劲夫都认为李四光积极要求进步，已经具备了成为共产党员的条件。12月22日，地质部办公厅第一支部召开支部大会，讨论李四光的入党问题。会上，李四光以自己的经历和切身感受，动情地畅谈了他对社会主义、中国共产党的认识。针对他的发言，大家表示非常赞同。根据大家的建议，李四光把自己的发言整理成文章发表在《中国青年报》上，在全国引起了很大反响。人们称赞这篇文章朴实、诚恳、深刻、真挚。12月29日，李四光被批准为预备党员。从此，他的生命开启了崭新的一页。

1959年，中华人民共和国成立10周年。李四光在这一年也是硕果累累。他一连写出了多部重要著作和文章，包括《地质力学概论》初稿、地质工作总结《建国十年来中国地质工作的发展》、地质论文《东西复杂构造带和南北构造带》《地质学的现在和未来》等。他还为青少年写了一篇生动活泼的科普文章《看看我们的地球》，鼓励青少年培养科学精神，探索科学奥秘。

　　1960年6月，李四光正式成为共产党员。李四光称自己"像是一个刚刚出生的婴儿，生命的新起点才开始"。从此之后，李四光继续奋斗在地质学战线上，以更加旺盛的精力投入到社会主义建设的浪潮中。

第七章 | 找油 找铀

勘探大型油田

　　相比于煤炭，石油作为燃料燃烧效率更高，应用范围更广，在工业、农业，乃至社会的方方面面都得到了广泛应用。1953—1957 年，在第一个五年计划时期，全国开展了空前规模的社会主义建设。比如，鞍山钢铁厂轧出了第一根无缝钢管；长春的工地日夜轰鸣，建设着中国第一座汽车制造厂；通往西藏的青藏公路正在修建……到处都是建设的喜讯。可以说，除了石油工业，各条战线都提前完成了计划。

　　那么，中国的石油开发究竟是什么情况呢？

　　在所有待开发的矿产资源中，石油无疑是非常重要的一种。20 世纪初，国内外的地质学家大多对中国石油资源的远景抱着悲观的看法。1922 年，美国学者发表了一篇题为《中国和西伯利亚的石油资源》的文章，认为中国缺少中新生代海相沉积，在中国东南地区找到石油的可能性不大，在西南地区找到石油的可能性更是渺茫，在西北地区虽然能找到石油，但石油储量有限，东北地区也不会有大量石油。最终，这位美国学者得出结论：中国是个"贫油"国家。因技术匮乏，当时不少中国地质工作者也人云亦云，认为在中国不可能找到大型油田，即便小规模的油田也不多。

在第一个五年计划之初，由于其他国家的封锁，中国的石油供应成了大问题。

中央领导十分关心中国有没有丰富的天然石油资源这个问题。他们提出，如果没有丰富的天然石油资源，是否要采取人工合成石油的方式。可是，李四光认为，人工合成石油不仅成本高，提炼技术也很复杂，万不得已是不会采取这种方式的。

那时候，对于中国到底有多少天然石油，国内很多地质学家都不能给出准确的答复。不过，对于"中国贫油论"，李四光一直持反对意见。1928年，他在《燃料的问题》这篇文章中就提出："中国西北方出油的希望虽然最大，然而还有许多地方并非没有希望。热河据说也有油苗，四川的大平原也值得好好研究，和四川赤盆地质上类似的地域也不少，都值得一番考察。"李四光在英国出版的《中国地质学》一书中也特别指出："这个新华夏系的内陆沉降带，我们有证据认为是白垩纪内陆盆地的发展。如果在华北平原下部，钻探到足够的深度，似乎没有多大问题会遇到白垩纪地层，并且用地震的方法进行勘测时，可能揭露有重要经济价值的沉积物。""有重要经济价值的沉积物"指的就是石油。

李四光从他自己建立的新华夏构造体系出发，分析了中国的地质条件，向中央领导陈述了他对"中国贫油论"的不同意见。李四光认为，找石油需要考虑的是好的生油条件和好的储油条件，不要局限在是否有海相沉积。他深信在中国辽阔的疆域内，天然石油的储量是丰富的，关键是要尽快开展地质勘探，并且提出了应该重点勘探的地区。中央领导听了地质部部长李四光胸有成竹的陈述，都对找石油抱有乐观的态度，也非常支持李四光的意见。

石油，是工业生产的命脉。作为地质学家的李四光，更加了解石油的重要性。有一个形象的比喻：石油是工业的血液。可以说，石油不仅关系到经济建设，也是国防建设的重要保障。可是，如何提高中国的石油产量呢？

李四光分析了中国的地质条件，他认为应该打破石油勘探局限于西北地区的局面，开展全国范围的石油地质普查。因为他们的目标不是找到一个大型油田，而是找到多个面积广阔的可能含油地区。

当时在中国找石油是地质工作的头等大事，更是地质工作者的神圣使命。在中国地质学会的大会上，李四光明确提出要积极找"二由"，第一是找石油，第二是找金属铀。为此，地质部成立了石油、天然气普查委员会，李四光担任主任。

中国国土面积辽阔，煤炭储量丰富。早在 2000 多年前，中国人就开始用煤炭炼铁，但包括煤炭在内的多种矿产资源的储量一直未探明。到了近现代，缺少石油就成了中国亟待解决的资源问题。

其实，中国是最早发现和利用石油的国家之一。早在 11 世纪初的北宋时期，沈括的《梦溪笔谈》中就记载了在陕西北部发现石油的资料。这是人类关于石油最早的记录之一。近代中国也有发现石油的记载，比如 20 世纪初，在陕北一带打出了几口油井；20 世纪 30 年代，在甘肃玉门发现了油田，每年的石油产量有几万吨，是当时国内最大的油田。新中国成立后，虽然在四川发现了石油，开辟了中国西南石油工业基地，但一直没有找到大型油田，中国的石油资源非常紧张。

20 世纪 50 年代，苏联科学院院士特拉菲姆克教授率领石油代表团访问中国。苏联专家希望帮助中国找到丰富的石油资源。他们熟悉苏联里海西岸巴库油田的地质构造，却不了解中国的地质构造，因此对中国的天然石油储量问题，有的苏联专家很乐观，有的却认为在中国找不到像苏联巴库油田那样的地质构造，所以对中国的石油问题持悲观看法。苏联专家考察了中国西北、西南地区之后回到北京，希望听听李四光的意见。

李四光趁此机会做了题为《从大地构造看我国石油勘探的远景》的报告。几位苏联专家与中国的地质专家、地质系统的领导干部齐聚报告厅，他们全神贯注地听李四光的报告。报告厅有一张巨大的挂图，各位专家和领导干部坐得整整齐齐，他们一边看着挂图上的地质分布，一边听着李四光的讲解。

李四光从石油的生成讲起。他指出，中国有古生物沉积的条件，有地质构造的条件，因此在中国找石油要先从生油和储油条件比较优越的地区开始。

李四光谈到中国石油勘探最有前景的三个区域：“第一个是青、康、滇、缅大地槽。”接着，他又提到西北地区，“第二个是阿拉善—陕北盆地。”最后他说，“第三个是东北平原和华北平原。”说完，李四光补充道，“当然，这不是说除了以上三个区域，别处就可以不做工作了。”

李四光的报告让中国的地质专家很兴奋，可有的苏联专家却坐不住了。中国有这么广泛的石油分布吗？李四光的观点让他们难以置信。

李四光列举了很多资料和数据，分析了这三个区域的地质构造。他明确地指出，首先要把柴达木盆地、黑河地区、四川盆地、东北平原、华北平原等作为寻找石油的目标地区。

在中国的东北平原和华北平原找石油？这可太新鲜了，以前从没有外国专家给出这样的判断。报告厅里，中国的地质专家、地质系统的领导干部和苏联专家小声议论开来，对在辽阔的大平原上找石油的观点纷纷表达自己的意见。这时，李四光在挂图上画了一条曲线，接着讲道："从东北平原起，通过渤海湾，到华北平原，再往南到两湖地区，这些地区都是可以考虑的。"

在场的各位地质专家和领导干部都感到，站在他们面前的李四光像一位大战来临前，调动千军万马的大将军。这是一场关系国家命运的大会战，李四光有决胜的信心！

报告结束的时候已是夜色苍茫。李四光用了一整天的时间，对中国的石油勘探做出了细致的分析和部署，报告厅里响起经久不息的掌声，大家纷纷向李四光表示祝贺。苏联专家都说，李四光的报告内容丰富而深刻，提振了他们在中国勘探石油的信心。

李四光对石油勘探的研究建立在科学分析的基础上，也给了中国广大地质工作者很大的鼓舞。1955年初，地质部召开第一次全国石油普查工作会议。这次会议提出，当前地质工作者的紧急任务是摸清地质构造，大力勘探含油地层，在较短时间内提升石油产量，同时要加强地质普查工作，圈定最有希望的油区。此外，会议明确了组织队伍在新疆吐鲁番盆地和准噶尔盆地，四川的川西、川南和川中地区，以及柴达木盆地、六盘山地区和华北平原进行石油勘探的计划。为此，李四光安排了一批技术骨干，组织了24个地质队、20个地形测量队、18个物探队。

队伍一批批出发了，1200多人奔向石油勘探第一线，展开了轰轰烈烈的石油普查工作。地质部、石油工业部、中国科学院联合成立了全国石油地质委员会，李四光担任主任。

那时候，许多中国的地质工作者都跟李四光一样，心系祖国的石油勘探工作，并提出了许多真知灼见。过去，外国专家认为，在理论上只有古代海洋才能形成石油，中国缺少海相地层，所以不会有石油。中国地质工作者通过深入研究，提出了陆地也可以成油的观点，从理论上提供了在中国找到石油的依据。此后，东北平原成为石油勘探的重点。在那个百废待兴的年代，很多专家、教授顶风冒雪加入地质队、勘探队进行现场指挥，通过实践掌握第一手资料。

中国的地质工作者寻找石油的步伐加快了。李四光认为，东北平原、华北平原具有较好的含油远景，值得进一步开展工作。于是，1955 年地质部组建了松辽平原（东北平原别称）踏勘组。在地质部召开的第二次全国石油普查工作会议上，松辽平原踏勘组做了工作汇报，他们认为松辽平原的地质构造与华北平原相似，有发现大型油田的可能。大家看到了希望，于是这次会议决定组成松辽石油普查大队。1956 年，地质部派往全国各地的地质队伍增加到 90 多个，东北地区不仅有松辽石油普查大队、一一二物探队，还有石油工业部的地质队伍。

1957 年，第一个五年计划结束，各行各业都在欢庆历史性的突破，唯独石油工业没有完成计划，石油产量不足 200 万吨，远远满足不了新中国建设的需求。

虽然新疆北部的克拉玛依喷出了黑色的原油，在青海西部的冷湖找到了油田，但这些还不能满足工业和国防所需，石油的产量没有突破，寻找特大型油田仍是迫在眉睫的任务。

老红军余秋里被任命为石油工业部部长，这位英勇善战的独臂将军刚刚上任就来拜访李四光，向他虚心请教。李四光很有信心，他告诉余秋里，中国不是贫油国家，一定能找到特大型油田。李四光的话坚定了余秋里的决心。

在第二个五年计划刚开始的时候，李四光做完手术正在休养，但石油勘探的问题让他寝食难安。他在病床上把同志们找来，大家一起研究如何开创新局面。大家反复研究，决定把工作重心从西北地区转移到东北地区。既然东北地区已经有松辽石油普查大队、一一二物探队，以及石油工业部的地质队伍在奋战，而且松辽平原踏勘组的工作汇报提到了松辽平原有发现特大型油田的可能，不如乘胜追击把松辽平原作为石油勘探的重点地区。这是一个重要的战略决策，有远见，有魄力，有成效。1959年9月，在新中国成立10周年前夕，松辽平原传来了好消息。

来自松辽平原的喜讯

松辽平原南至渤海湾的辽河入海口，北至大兴安岭脚下，包括松嫩平原、辽河平原、三江平原，总面积约 35 万平方公里。李四光指出，这里的地质构造属于松辽大凹陷，四周被大隆起环绕，西面有大兴安岭和长白山脉，北面是小兴安岭和东西走向的褶皱隆起带，南面是东西走向的阴山山脉。像这样被隆起环绕的平原是勘探石油的重点地区，要组织力量在这里寻找石油。

从此，"松辽"这个词汇出现在许多文件里、会议上，牵动着千千万万中国地质工作者的心。地质工作者在这个一望无际的大平原上奋战，一座座高大的井架拔地而起，一台台隆隆作响的钻机日夜不息。

达里巴村是个名不见经传的小地方，位于吉林省北部前郭尔罗斯蒙古族自治县，绿色的草原上镶嵌着大大小小的湖泊，环境秀丽而宁静。

松辽石油普查大队来到达里巴村，在这里竖起钻井进行石油钻探。1958 年 4 月，松辽石油普查大队的队员发现，从钻井里取出来的岩芯有浓浓的石油味，这让他们欣喜不已。经过分析，他们发现取出的岩芯属于含油砂岩，而且这种含油砂岩不止一层，埋藏深度约 400 米。队员们欢呼起来，大家的辛苦终于有了回报！他们找到了朝思暮想的石油！在中国的东北地区终于发现了石油的踪迹！

他们立刻把这个消息上报北京。新华社发出《松辽平原有石油》的电讯稿；《人民日报》也发消息——松辽平原不久将成为我国重要的油区之一。

很快，好消息再次传来：在吉林省的公主岭地区又发现了含油地层！宝贵的石油一滴滴从岩芯里逐渐渗出来了！这里距

离达里巴村只有大约 300 公里。

经过紧张的研究、分析，人们又发现了位于黑龙江省大同镇的"长垣构造"，面积有 2000 多平方公里。这是典型的油区构造，大家都意识到，特大型油田就在眼前！

几个月后，石油工业部的勘探队传来喜讯，在黑龙江省高台子镇的钻井中，棕褐色的石油从地层深处自动喷涌而出，一天产原油达十几吨！这已经是具有开采价值的工业油流了！这里也成了松辽平原的第一个油田——高台子油田。

特大喜讯传到北京，传遍全国。紧接着，第二口井、第三口井……好消息不断地从这片辽阔的大地上飞出。这是献给新中国成立 10 周年的厚礼！这是值得热烈庆祝的喜讯！从此，这片油田就被称为"大庆油田"！

轰轰烈烈的石油大会战开始了。全国石油战线的精兵强将来到松辽平原，钻机轰鸣，红旗招展，誓言豪迈："把石油工业落后的帽子甩到太平洋里去！"劳动模范王进喜说："有条件要上，没有条件，创造条件也要上！"

钢铁井架拔地而起，滚滚原油喷涌而出！中国的石油工业迎来了重大转折，创造了历史的奇迹！中国的石油可以自给自足了，石油再也不是新中国建设的难题和阻碍了！除了满足工业的需要、农业的需要、国防的需要，中国产出的石油还可以源源不断地出口国外。大庆精神、大庆人，成为中国社会主义建设鲜艳的红旗！

大庆油田的发现和开发，丰富并发展了石油地质学理论，改变了中国石油工业的落后面貌，对中国工业发展产生了巨大影响。它不仅为国家创造了物质财富，甩掉了中国"贫油"的帽子，而且形成的一整套非均质大型砂岩油田地质开发理论及工程技术，载入了中国科技发展史册。

大庆油田成为中国石油工业的排头兵，也是主力军，多年来稳产、高产。据统计，作为中国陆上最大的油田，60 多年来大庆油田已累计生产原油逾 24 亿吨，约占同期中国陆上原油总产量的 40%。

中国成了石油大国、石油强国，石油对中国的经济发展贡献巨大。

高瞻远瞩

1959 年 9 月，大庆油田刚刚出油，人们都沉浸在胜利的喜庆氛围中。李四光及时约见了松辽石油普查大队的队员。李四光笑着夸奖他们："松辽出油，别开生面。"

不过，找到大庆油田只是新中国石油勘探的其中一站。李四光高瞻远瞩地指出了新的方向——渤海湾及渤海内可能是找石油的好地方。

20 世纪 60 年代，地质部决定将石油勘探的重点转移到华北地区。李四光划定山东省的东营、沾化，河北省的黄骅，天津南郊作为华北地区石油勘探新的突破点。而且，李四光认为，东营条件最好，应该作为第一个突破点。

几年后，在山东的东营发现了含油地层，这一带是黄河入海的三角洲地区，原油连续喷涌数月，创造了纪录。作为华北地区石油勘探的第一个突破点，这里被命名为"923 厂"，后来改名为"胜利油田"。胜利油田是继大庆油田之后中国最重要的大型油田之一，石油产量连续多年稳产、高产。

不久，在天津南郊发现了石油，后来这里建成了大港油田。

李四光看得更深、更远。他思索着、研究着新的产油地区。

比如，湖北的江汉平原，湖北、湖南的两湖盆地，广东的西南部，中国辽阔的东海、南海……

李四光根据多年的石油勘探经验，将石油普查勘探工作总结为七个步骤：一、指出油区；二、选定油区；三、开展物探；四、地质钻探；五、预测油田；六、圈定油田；七、评价油田。

正确的思想，宏伟的部署，带来了丰硕的成果。河北省的中部发现了任丘油田，河南省的北部发现了南阳油田，在碧海蓝天的北部湾也发现了蕴藏的石油、天然气。中国石油工业的大发展为祖国的建设提供了动力和保障，这是中国石油战线的胜利，也是中国地质战线的光荣。千千万万的科研人员、产业工人共同创造了这个辉煌的事业。

响亮的进军号

虽然解决了石油供应受制于其他国家的问题，但新中国仍面临诸多来自国外势力的威胁，这主要是因为中国没有核工业。铀，是制造原子弹的重要材料，因此想大力发展核工业就一定要先找到铀矿。没有铀矿，就没有浓缩铀，也就不会有原子弹。

为了加强国防建设，发展核工业，李四光在地质部普查委员会内设立了第二办公室，专门负责铀矿资源的普查勘探工作。李四光、刘杰、钱三强做了关于我国原子能研究现状和铀矿资源情况的汇报。

钱三强是世界著名的原子物理学家，在汇报中他专门讨论了原子能科学和核工业的发展问题，同时介绍了各国原子能科学的发展情况。

为了给大家展示铀矿石，钱三强专门带来了一台精巧的仪器。当他把仪器对准铀矿石的时候，仪器发出了警报一样的声音，而且仪器离铀矿石越近，声音越大，离得越远，声音越小。大家瞪大了眼睛，盯着这台神奇的仪器仔细瞧。

钱三强解释说，这台精巧的仪器是盖革计数器。盖革计数器发出响声，就表示接收到了铀矿石的放射性。会场上很多人

　　指挥过千军万马，曾驰骋于硝烟弥漫的战场，如今却是第一次见到铀矿石，第一次接触到原子能。在好奇心的驱使下，大家提出了一个又一个问题。

　　为了让大家更直观地了解原子弹，钱三强先把原子弹和氢弹做对比，讲解了原子弹的基本原理，然后解释了什么是裂变和聚变。

　　这次会议做出了重要的战略决策——中国要发展核工业。

这是里程碑式的决策，也是响亮的进军号，中国的核工业开始大步前进了。

会议结束后，李四光和钱三强都深感责任重大，他们向领导保证，尽一切努力发展中国的核工业。从此，李四光下决心要找到更多的铀矿资源。

事实上，李四光很早就关注原子能了。早在 1928 年，他在《燃料的问题》一文中就特意谈到"利用原子以内的能力"。

在艰苦的抗日战争时期，李四光带领地质研究所的同事，在广西东部发现了磷酸铀矿、脂状铅铀矿和沥青铀矿。这是中国第一次发现铀矿，但国民政府对这个重要发现置之不理，没有表示出任何支持的态度。

1945 年，美国先后把两颗原子弹投在日本的广岛、长崎。从此，越来越多的人认识到建立核工业的重要性。

李四光紧跟科学发展的步伐，几次提出要搞中国的原子能研究，中国要积极行动起来发展核工业。然而，腐败的国民政府只顾发动内战，对李四光有战略远见的建议根本不放在心上。

新中国成立以后，李四光主持地质工作，一直关注着中国的核工业进展。从英国回国的时候，李四光只随身带了几件行李，其中有一个小箱子受到他的特别保护，箱子里面是一台测量放射性的伽马仪。这种仪器是外国对中国封锁的重点，那时候全中国没有一台。但是，李四光深知，没有测量放射性的伽马仪就不能寻找铀矿，发展核工业就成了一句空话。李四光省吃俭用买下它，把它带回祖国，这是科学家神圣的职责。

李四光在地质部组建了铀矿地质队，对重点地区进行普查，举办铀矿地质培训班，培养专业技术人员。

外国地质学家认为，含有大型铀矿的地质构造在中国并不常见。那么，中国有没有大型铀矿呢？李四光结合地质力学的原理，研究了地质构造和成矿规律。在大量科学分析的基础上他指出，在中国寻找铀矿主要是考察几个东西构造带，如天山—

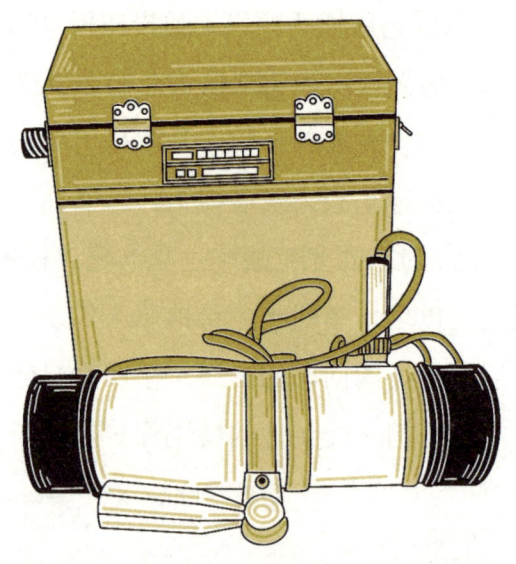

阴山东西构造带、秦岭东西构造带。其次，南北构造带也有晚期花岗岩地形。

他的研究结论再一次挑战了外国地质学家的看法，他希望用新的思路、新的理论去探索中国的铀矿资源。

铀矿地质队出发了，他们风餐露宿、跋山涉水，走遍中国多个省份和地区。经过不懈努力，直到 20 世纪 50 年代中期他们在全国发现了首批 200 个有意义的放射性异常点。

这些重要的勘探成果让大家看到了希望。后来铀矿地质队陆续找到了一个又一个铀矿，其中有储量大的特大型铀矿。李四光的科学预言实现了，在花岗岩地形找到特大型铀矿是地质理论的重大突破。喜报一个个飞进李四光的办公室，送到了中南海。中国的原子能研究再也不用为原料发愁了。在勘探铀矿的工作中，李四光带领广大科研人员积累了丰富的实践经验，原子能研究也有了新的成果。

1964 年 10 月 16 日，在新疆的罗布泊，随着一声巨响，蘑菇云扶摇直上，中国的原子弹试验成功了！1967 年，还是在这里，蘑菇云腾空而起，中国的第一颗氢弹爆炸成功了！

中国的原子能科学发展是全面的，广泛应用在工业、农业、医学各方面，中国的核电站分布在祖国各地，工程人员还漂洋过海援助了外国。李四光为中国的核工业倾注了大量心血，但他从来没有炫耀过自己的功劳。与千千万万的科研人员、工人、地质队员一样，在推动中国核工业发展方面，他是一位默默奉献的无名英雄。

李四光的女儿李林就读于英国伯明翰大学金属物理专业，获得硕士学位。回国后，李林将自己多年积累的学识和经验全部奉献给祖国。她从事原子能研究，并为此做出了无私奉献，获得了杰出成就。人们谈"核"色变，因为"核"与高放射性、危险的工作环境密切相关，但李林却为了中国的原子能科学毅然离开家人，参与了大量的原子能反应堆材料辐照实验。她参加过第一颗原子弹引爆材料工程实验、第一艘核潜艇材料实验……后来，她当选中国科学院院士，成了一名事业有成的科学家。

第八章 | 鞠躬尽瘁

孜孜不倦

李四光是新中国的地质部部长，工作日理万机，可他从来没有放下过科学研究。他孜孜不倦地探索地质学最前沿领域，呕心沥血地推动中国的地质学进步。

有一天，李四光和同事们从北京中山公园开会回来。他们走过一条长长的石甬道，看见铺在路面上的一块石头很特别，于是李四光停下脚步仔细端详这块石头。这块石头的表面布满复杂而奇特的裂纹。不过，裂纹虽多，分布得却很有规律。这么多裂纹是怎么形成的呢？李四光不禁思索起来。他反复研究，认定这块石头上的裂纹是由强大的外力造成的。石头受到外力作用却没有破碎，只留下了许多裂纹，这是构造运动的鲜明特征。就这样，李四光和同事们从各个角度给这块石头拍了照片，留作资料。后来，为了把这块石头换下来作为典型的岩石标本，他提出送给中山公园一块同样大小的石头的建议。他的建议得到了中山公园的许可，这块宝贵的石头被送到地质部，成为地质力学研究的重要藏品。

地质力学的研究人员在北京西郊隆恩寺的山坡上发现了第四纪冰川的痕迹，这个消息让李四光非常兴奋，他不顾 70 多岁的高龄，爬上荒草丛生的山坡，亲手扒开地面的泥沙和碎石，仔细观察岩石表面，测量岩石上的冰川擦痕。这些冰川擦痕排列整齐，一道道擦痕互相平行。李四光取了岩石、黏土标本，完整地记录了擦痕的方向、长度、宽度、深度……经过深入分析断定，这些擦痕的确是冰川运动留下的。

纳里夫金是苏联著名的地质学家，他不相信中国北方地区曾出现第四纪冰川，对在北京西郊隆恩寺发现了第四纪冰川遗迹的说法更是连连摇头，表示不可能。为了向纳里夫金证实他们的发现，李四光邀请纳里夫金到现场考察。满头白发的纳里夫金跟着李四光爬上隆恩寺的山坡，寒风中他俯在地面仔仔细细地观察岩石上的擦痕，最后他心悦诚服地说："这些确凿无疑都是冰川擦痕！这是个了不起的发现！"回到苏联，他写了一篇文章《亚洲地质史的光辉一页》，发表在苏联的《自然》杂志上。在文章中，纳里夫金满腔热情地介绍这个重要的发现。他承认自己对中国北方地区曾出现第四纪冰川有过质疑，不过最后他写道："详细地观察以后，使人们对它们的冰川成因深信无疑。"

北京西山八大处公园里有一块奇怪的大石头。这块大石头足足有两三米高，孤零零地坐落在山坡上。这块圆滚滚的大石头和周围的岩石不同，不是旁边的山崖因风化破裂形成的，也不是从附近的山坡上滚落下来的，它是从哪里来的呢？大石头的表面有非常明显的擦痕，李四光和同事们一起去考察，终于得出了结论：这是冰川运动带来的一个巨大漂砾，这些擦痕是冰川形成的。后来，八大处公园修建了一座亭子，把这块冰川漂砾保护起来供人们参观。

李四光指出，研究冰川的堆积物，对于修筑水库、农田灌溉等农业生产都有重要意义。后来，李四光结合第四纪冰川的情况，对在华北平原上抗旱打井，在四川和云南两省的崇山峻岭中选址修建成都至昆明的铁路，在金沙江畔的攀枝花修建大型钢铁基地，都提出了重要的意见。

作为一名爱国科学家，李四光为中国的独立自强，为中国的科学事业，为新中国的全面建设投入了全部精力，导致疾病缠身，身体日渐憔悴。在一次体检中，医生发现李四光腹部有一个肿块儿。医生认真检查之后，确认那是一个长在动脉血管上的动脉瘤。动脉瘤是一种极危险的疾病，如果动脉瘤破裂将会引起大出血，迅速夺去生命。李四光年岁已高，又有心脏病、高血压，不能做手术摘除动脉瘤，医生对他只能进行保守治疗。医生还反复嘱咐他，千万不能劳累，尽量不要爬楼梯，更不能爬山。

　　李四光得知自己的病情后显得很平静。他答应医生，一定按照要求配合治疗，但他却暗暗下决心争分夺秒地完成工作。

　　一个月以后，在第一届构造地质学学术会议上，李四光坚持做了长篇讲话，对地质勘探工作进行了重要指导。夜晚，李四光还在台灯下紧张地工作。即使在住院期间他也仍然在工作，坐不起来，就躺在床上写作、审查论文。家人劝他，护士劝他，他笑一笑，然后把稿子塞到枕头下面，等她们走了他再把稿子拿出来继续工作。就这样，他抓紧时间写了《地质力学的方法与实践》等重要著作，从理论上指导矿产资源勘探和工程建设。

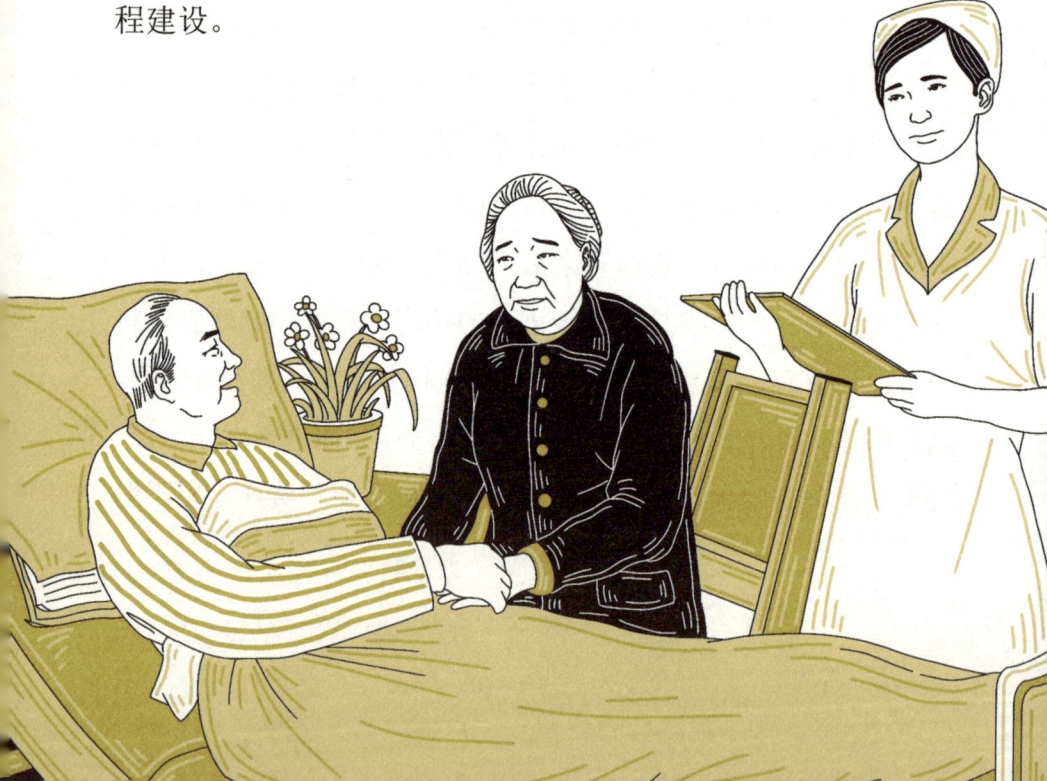

邢台地震的日日夜夜

1966年3月8日清晨5时，天还没有亮，房屋和大地突然发生剧烈的摇晃，原来河北省南部的邢台地区发生了强烈地震，震级为6.8级，共造成8000多人遇难，数万人受伤，房屋损坏400多万间，损失惨重。

人民解放军、医疗队、工程抢险队立即奔赴灾区。李四光不顾身体状况，参加了救灾工作会议。会议结束后，他马上调集精兵强将，组织地震地质考察队赶赴灾区。他要求考察队根据震区的地质构造特征，查明地震的原因和范围，推测地震的趋势，观察地应力变化。由32人组成的地震地质考察队当天晚上就出发了。连着许多天李四光都守在办公室，把每天由地震地质考察队汇报的地应力变化绘成曲线图进行分析和研究。

其实，李四光关注地震现象已经很久了。

中国是一个地震带复杂的国家，有华北地震区、青藏高原地震区、华南地震区等，全中国大大小小的地震带有20多条。中国历史上发生过多次强烈的大地震。《诗经》里的"百川沸腾，山冢崒崩。高岸为谷，深谷为陵。"记述了古时候的一场毁灭性的大地震。1556年，陕西华县大地震，"山川改易，道路改观"，

造成数十万人遇难。

　　李四光对地震问题非常重视。1953 年，中国科学院成立地震工作委员会，李四光担任主任，他和历史学家范文澜共同组织人力，系统地研究了公元前 1189 年以来中国发生的各次地震，从 8000 多种档案、资料、古籍中筛选整理，汇集成《中国地震资料年表》，全面掌握中国历史上的地震情况。

　　李四光号召全国的地质工作者，要求他们监测地震、"侦察"地震，为保卫广大人民群众的生命、财产安全服务。

广东河源发生了 4.3 级地震，李四光和同事们一起研究地震原因，及时加固了新丰江水库大坝，密切注意水库蓄水和地震的关系。几年后，这里又发生了 6.1 级地震，由于做好了预防措施，加固了大坝，水库安然无恙。

李四光在自己的地质著作中记述了中国西北地区的构造体系和地震带的分布，特别强调要关注西南地区。1965 年，李四光指导组建了西南地震地质大队。李四光语重心长地说："厂矿、铁路、水电站乃至民房建筑等，都涉及安全问题。地震地质工作应该走在所有建设工作的前面。这是开路的工作。"

这一次河北省邢台地区发生强烈地震，李四光感到身上责任重大。监测地震、预报地震的问题让他日思夜想、食不甘味。

1966 年 3 月 22 日下午，邢台地区又发生强烈地震，震级达到 7.2 级。地震地质考察队从震中宁晋县向李四光汇报震情。他们说，有人看见一片枣树林在地震时反复转动。李四光马上问道："向什么方向转动？转动多少度？"他敏锐地感到，这里发生了水平旋扭运动，这是重要的证据，是有价值的新发现。

几天以后，在研究地震趋势的会议上，李四光根据大量资料强调："深县（现深州市）、沧州、河间这些地区发生地震的可能性是不可忽视的。"这些地区距北京、天津很近，他建议加强观测。果然，第二年河北省的河间就发生了 6.3 级地震。

邢台地震过后，李四光征得医生、同事和家人的同意，也亲自赶到震区进行考察。到了震区，李四光视察了地震观测台、地应力观测台。他非常注意地震引起的地表变化。地震之后，有的地面上升，有的下降，最多的下降了 400 多毫米！地震之后地面出现很多裂缝，窄的有几厘米，宽的达 1 米。他仔细地观察了房屋、桥梁、道路和堤坝的损毁程度，寻找背后的规律。他还特意去看了那片枣树林，证实那里确实发生了水平旋扭运动。

李四光和同事们认真地分析地震的发展趋势，研究怎么做地震预报。他工作起来就把病痛全忘记了。他在震区走了一处又一处，大家劝他休息，提醒他吃饭，他却说："来一趟不容易，我得抓紧时间工作。"

由于身患肿瘤，他很难坚持长时间的高强度工作。白发苍苍的李四光在震区忙碌了整整一天，等夜色已浓才登上返程的火车。回到北京，李四光马上组织大家写出《邢台地震地质初步考察报告》，报告中李四光提出了许多中肯的意见。

20 世纪六七十年代，台风可以预报，暴雨可以预报，寒潮可以预报，但没有哪个国家成功地做过地震预报。

地震来临前的各种自然现象，对普通大众而言往往是不易察觉或难以理解的，因此突如其来的地震造成的山崩地裂、房倒屋塌会导致生命、财产损失严重，因此地震预报就显得意义重大。如果能准确地进行地震预报，就可以避免大量人员伤亡，那将是人类的福音。但是，地震预报一直是世界性的难题，中国古代虽有多次地震记载，但没有地震预报的先例。国外虽然研究了上百年，但一直没有找到地震预报的方法。

其实，在广东河源发生地震后，李四光就开始考虑地震预报的问题了。李四光认为，地震是一种自然现象，它的发生是一个渐进的过程，是可以预报的，不过目前还需要做大量的探索工作。

1966年邢台发生强震之后，李四光更加深切地感到地震灾害对国家和人民生命、财产造成的损失之严重。因此，在生命的最后几年里，他将大部分精力投入到地震预测、预报的研究工作中。

艰苦的探索

邢台地震后，李四光多次与地震研究者见面。他指出："我们的奋斗目标是地震预报，以减少和免除地震灾害。"

1968年初，北京周边地区出现了一些异常的自然现象，大家人心惶惶，担心北京会发生强烈地震。

李四光马上召集地震办公室的同事们，告诉他们密切注意地应力的变化。然后，他急忙赶到中南海。此时已是深夜，会议室灯火通明，集中了专家、领导干部。有些同志焦急万分，认为强烈的大地震将在清晨7时发生，震级为7级，破坏性极大。他们建议马上发出警报，让北京市民立刻撤出房屋，躲避到空旷的地方，还要紧急保护国防、电力等重要设施，会场气氛很紧张。

距离清晨7时只有五六个小时。在寒冷的深夜让上千万人离开温暖的家，全部到北风呼啸的室外去，这……大家都紧张地注视着一直没有发言的李四光，然后关切地问道："情况如何？真的是这样吗？"

李四光请刚才发言的同志谈谈北京发生地震的依据。那些同志说，最近北京周边地区发生的小型地震突然平静了，一些动物却很不安宁，这是大地震来临的前兆。

李四光认为，从几个地应力台站的数据情况看没有异常情况。他说，他还需要和几个地震观测站联系，了解最新动向。

电话接通了，李四光询问了各地震观测站的情况，得到的回答都是没有发现异常情况。

李四光沉着冷静地说："根据邢台等地区地应力的长期观测，有大震，一般都是有变化的。"他根据大量资料，明确指出北京地区是比较安全的。他建议，最好不要发警报通知北京市民都外出过夜，天气那么冷，老人和孩子都要冻坏的，当然要密切观察。

李四光的分析有理有据，大家纷纷点头。会议决定不发警报，而是严密观察、充分准备。李四光回到办公室，一夜没有合眼，他和同事们守在电话和电台旁边，密切注意最新情况。

黎明到来了，太阳冉冉升起，一切平安。人们轻松地笑了，李四光的科学判断又一次被证实了。

在李四光的指导下，北京周边的三河、唐山、滦县、迁安、昌黎建起观测点，严密监视地震活动。在一次重要的会议上，李四光综合了各方面的材料得出结论："应该向滦县、迁安地区做些观测。如果这些地区活动的话，那就很难排除大地震的发生。"

有一年，北京正值隆冬，天寒地冻，滴水成冰。李四光来到北京西南郊区房山的一个地应力实验站。他爬上山坡，登上钻机平台亲自查看地应力的情况。在呼啸的狂风中，李四光亲自握住冰冷的铁刹把操纵钻机，直到下午两点才取出沉重的岩芯。随后，他又来到一个山洞，查看断层位移的测量装置，观测洞内的地质情况。看到已逾古稀的李四光这样辛苦，大家都很感动。

外国研究地震的专家、学者不算少，但大多是地球物理学家，没有地质学家从事这方面的工作。李四光做了开创性的探索，提出许多有价值的见解。

李四光对地震预报倾注了大量心血。他认为，地震是地壳运动的一种表现，地震的发生是有过程的，应该从地质学的角度来研究地震预报。比如，要查明地下岩层的活动构造带，研究它的性质、特点；要研究地应力的变化；要观察岩石电阻率的变化、地下水的变化、地面的形变……

他提出地震预报系统的理论，包括预报地震准确的时间、准确的地点、准确的震级、准确的震中等几个基本要素。他强调地震预报的重点在于研究地应力的作用过程。

　　李四光坚持地震观测工作，中国的地震预报取得重大突破。

　　1975 年 2 月 4 日，地震部门成功预报了辽宁海城地震，大大减轻了地震造成的损失。1976 年 5 月 29 日，成功预报了云南龙陵地震，从而使有关部门采取了有效的防震措施。这是全世界少有的地震预报的成绩，挽救了数以万计的宝贵生命。

　　李四光开创了地震预报的研究，他是中国地震预报伟大的奠基人、开创者。一代又一代的地质工作者、地震研究者奋发有为，艰苦探索，对地震的原因、地震波的传播、地震的影响、防止和减少地震造成的损毁破坏、地震后及时有效的抢险救灾，

做了多方面的研究，积累了丰富的经验和教训，取得了可喜的成绩。中国形成了覆盖全面、设备先进的地震台网，中国关于地震的研究走在世界前列。

　　几十年来，地质工作者对地震预报做了很多研究。地震预报是一项非常复杂的工作，涉及许多领域，需要一代又一代的地质工作者长期努力、不懈探索。

一面旗帜

李四光毕竟年事已高，他的动脉瘤病情不断恶化。

在最后的生命时光中，为了亿万群众掌握科学知识，李四光决定动手编写一本书，从天文到地质，从无机物到生命，从古代生物到现代生物，内容要面面俱到。这本书的书名是《天文、地质、古生物资料摘要（初稿）》，全书分为7个部分，分别是从地球看宇宙、启蒙时代的地质论战、总结地层工作的要点、古生物及古人类、三大冰期、地壳的概念、地壳构造与地壳运动。

这是一部重要的著作，既有古今中外科学家的精辟见解，也有最新的科学成果，包含了不同学派的观点，也说明了仍困扰科学家的复杂问题。书中有遥远的星系、数亿年前的生物化石等精美图片。这既是一部高水平的科普著作，又有很强的学术价值。

回顾李四光生命的最后几年，他呕心沥血地为祖国找石油、铀、煤、铬等矿产资源……1970年，李四光连续约见了来自广东、河南、云南、河北、吉林、湖北、吉林、四川等省份的地质工作者，认真听取他们的汇报，与他们共同研究。他的日程总是排得满满的，这一年他81岁了，身体状况也越来越差。

1970 年 1 月，云南通海发生 7.7 级强烈地震，造成严重的人员伤亡。李四光很难过，他痛心地说："我们没有站好岗，放好哨。"这一年，他多次谈到地震的监测、预报，谈到保卫水库大坝的安全、保卫首都北京的安全。他放心不下，叮咛了再叮咛。

1971 年 4 月 20 日，李四光刚从医院回来就约见了来自海洋石油地质考察队的同志们，连续两天听汇报，分析、研究渤海复杂的地质构造。1971 年 4 月 22 日，李四光感到很疲劳，24 日，他的体温升到 38 摄氏度，随即他又住进了医院。医院立刻组织会诊，发现病情很严重。李四光想出院，他握着医生的手，希望医生给他时间安排好工作。

医生的眼睛湿润了，他们安慰李四光，一定尽力治疗。

"只要再给我半年的时间，地震预报的探索工作就会看到结果。"他颤巍巍地说，"我就可以在地质工作的新领域看到花开。"他又对地质部的同事说，"明天早晨，你们把全国地图带到医院来，还有一些工作要安排。"

当天晚上，女儿李林赶到医院。女儿劝他早点儿休息，李四光睡不着，跟女儿谈了很长时间。他回顾了自己的一生，谈到年轻的时候，在旧社会，中国之大竟无他容身之处。他又惋

惜地谈到不幸早逝的朱森："如果他能活到现在多好哇！他在学术上有独立的见解，不是人云亦云，而且为人耿直。像他这样的人是比较容易接受马克思主义的。"

随后，李四光深沉地说："不知道我还有没有时间和大家一起去征服地震预报。"

女儿再一次劝他休息，李四光对女儿说："我有两件事不放心，一件是党交给我的工作——地震预报还没有过关，二是不放心你妈妈。"

这天夜里，李四光一直惦念着地震预报，惦念着地热资源的开发利用，惦念着祖国的山河大地，他还要思考、要探索、要工作。

4月25日，李四光腹腔的动脉瘤突然破裂，他感到剧烈疼痛，随即休克。医生们全力抢救却没有挽回李四光的生命。

4月29日，李四光与世长辞。

5月2日，李四光的追悼会在北京八宝山革命公墓举行。

追悼会上宣读了李四光的女儿李林的一封信。信里写到李四光对中国地质学的关注和希望，写到李四光鞠躬尽瘁的一生，里面还引用了李四光亲笔写的一段话：

在我们这样一个伟大的社会主义国家里，我们中国人民有志气，有力量，克服一切科学技术的困难，去打开这个无比庞大的热库，让它为人民所利用。如果我们不这样做，还是走资本主义陈腐的老路，把地球交给我们珍贵的遗产——煤炭之类内容极其丰富的财富，不管青红皂白，一概当作燃料烧掉，不到几十年，我们的后代，对我们这种愚蠢和无所作为的行径，是不会宽恕的。

这是一位伟大的地质学家的遗嘱，是对未来的预见，也是对后代的嘱托。

李四光热爱祖国、追求真理、艰苦奋斗，有卓越的成就，对中国的科学事业贡献巨大。他是科技界的旗帜，是知识分子的旗帜，也是中华民族引以为豪的一面光辉的旗帜。

李四光引领的中国地质事业、李四光的精神将会继续发扬光大。